GÜTERSLOHER VERLAGSHAUS
DIE VISION EINER NEUEN WELT

Michael Felten

Die Inklusionsfalle

Wie eine gutgemeinte Idee
unser Bildungssystem ruiniert

GÜTERSDIE
LOHERVISION
VERLAGSEINER
HAUSNEUENWELT

»Aber er hat ja gar nichts an!«, sagte endlich ein kleines Kind.

Hans Christian Andersen (Des Kaisers neue Kleider)

Denn die Probe auf die Inklusionsforderung bleiben die Praktiken, und dann steht der Beweis noch aus, dass man kann, was man verspricht, und erreicht, was man erreichen soll – und zwar für alle Adressaten.

Prof. Heinz-Elmar Tenorth (2011)

ÜBERBLICK

PROLOG

Schulische Inklusion – Traum oder Trauma?

Stell' Dir vor, Du beteiligst Dich an einer großen Weltverbesserungsaktion – und am Ende sieht die Erde übler aus als zuvor. Entwicklungshelfer können ein Lied von diesem Problem singen. Sie wollten zum Beispiel dem Stamm der Moros – Halbnomaden der Sahelzone – mit einem gigantischen Bewässerungsprojekt Gutes tun. Zunächst gediehen Menschen und Kühe prächtig, dann aber brach die Population jäh ein – das Grundwasser war versiegt, die Vegetation vollkommen verdorrt.[1] Was man zu wenig bedacht hatte: Die Wechselwirkungen in komplexen Systemen sind in der Regel äußerst vielfältig. »Logik des Misslingens« nennt Dietrich Dörner solche Verläufe gut gemeinten Scheiterns.

Derartige Risiken drohen nicht nur in der Entwicklungshilfe, auch das Bildungswesen kennt den Schiffbruch von Projekten, die unter der Flagge des Paradieses segeln. Gehen wir etwa nach Baden-Württemberg, an ein traditionsreiches Gymnasium. Dort hatte man sich drei Jahre lang bemüht, einen autistischen Jungen in den regulären Unterricht zu integrieren. Die Französischlehrerin berichtete stolz, in ihrem Unterricht habe er einmal etwas gesagt, in zwei Jahren, nach zehn Monaten. Täglich dagegen gab es Probleme, wöchentlich Team- und Elterngespräche, vierteljährlich Konferenzen mit Schulleitung und Jugendamt, stundenlang, mit bis zu zwölf Teilnehmern. War das immer noch zu wenig? Oder zu unprofessionell? Am Ende der siebten Klasse ging jedenfalls nichts mehr: Schweren Herzens entschloss man sich, für den Schüler ein Verfahren zur Aufnahme in eine Förderschule einzuleiten. Fast wie bei den Moros eben: Großer Aufwand, erste scheinbare Erfolge, dann eine große Resignation. Und alle waren zu kurz gekommen: der entwicklungsgestörte Junge, der nach langem Hickhack nun einen tatsächlichen Ausschluss verkraften musste; die schwächeren Gymnasiasten, für die es an Förderzeit und Lernruhe gefehlt hatte; die Lehrer, die jede Menge unbezahlte Mehrarbeit geleistet hatten – ohne greifbaren Erfolg.

Handelt es sich hier um einen singulären Rückschlag oder markiert die Geschichte generell den Eingang zu einer Sackgasse? Wer genauer hinsieht, wer sich nicht von Wohlfühlparolen auf Hochglanzpapier blenden lässt, muss feststellen, dass sich unter unser aller Augen eine brisante, weithin unterschätzte Entwicklung vollzieht. Denn unter dem hehren Banner der Inklusion werden viele unserer Schulen derzeit zunehmend umgekrempelt, droht das Bildungssystem langfristig in eine grandiose Schieflage zu geraten. Immer öfter werden nämlich normal oder hoch begabte Kinder zusammen mit leicht oder auch schwer behinderten[2] in einer Klasse unterrichtet – ohne dass die dafür nötigen Ressourcen und Kompetenzen vorhanden wären und ohne dass der Sinn dieser Maßnahme grundsätzlich erwiesen wäre. Und in manchen Bundesländern sollen Schüler, die in körperlicher oder geistiger Hinsicht besonderer Unterstützung bedürfen, deren Entwicklung im Lernen oder im sozialen Verhalten untypisch oder erschwert oder eingeschränkt verläuft, möglichst *nur* noch reguläre Schulen besuchen – die Förderschulen, die diesen Schülern bisher eine besonders auf ihre Bedürfnisse zugeschnittene

Bildungsmöglichkeit boten, hofft man schrittweise einsparen zu können.

»Aber ist doch toll – endlich mal eine menschliche Nachricht aus der Welt des Ellenbogen-Kapitalismus, aus den Mühlen der gefühlsarmen Bürokratie«, könnte man jetzt vielleicht denken. Als »behindert« ausgesondert zu werden, auf eine »Sonderschule« gehen zu müssen, das ist doch auch ein unangenehmes Stigma, das beschneidet doch Lebenschancen, das kann doch der Entwicklung junger Menschen nicht wirklich zuträglich sein. Sie dagegen möglichst viel mit allen anderen Kindern zusammenzubringen und individuell zu fördern, das hört sich doch wirklich gut an.

Aber ist, was gut klingt, auch tatsächlich hilfreich? Werfen wir einen Blick darauf, wie sich diese »schönste pädagogische Vision« (DOLLASE)[3] in der Praxis anlässt – und was demnächst noch alles auf uns zukommt. In Nordrhein-Westfalen hat man schon einzelne Spezialschulen geschlossen, etwa solche für Schüler mit besonderem Förderbedarf im Lernen[4]. Das heißt: Die in dieser Hinsicht schwächsten oder labilsten Schüler *können* (besser: *dürfen*) dort zukünftig nicht mehr unter sich lernen, also im Schutz einer Gruppe von ähnlich belasteten Kindern, mit speziell für ihre Beeinträchtigungen ausgebildeten Fachleuten. Sie werden vielmehr vereinzelt und in Regelklassen geschickt, wo Sonderpädagogen[I] sie ab und zu besuchen und unterstützen. In diesen großen Regelklassen sind die

I Nicht nur der besseren Lesbarkeit wegen beteilige ich mich nicht an scheinemanzipatorischen Textaufblähungen wie »Kolleginnen und Kollegen«. Unaufgeregten Zeitgenossen ist klar, dass die traditionell verwandte maskuline Form »Lehrer« oder »Schüler« die Funktion meint, nicht konkrete Personen. Entscheidend bleibt, ob man wirklich von der Gleichwertigkeit weiblicher wie männlicher Lehrender und Lernender überzeugt ist.

Förderkinder jetzt nicht nur viel einsamer als bisher, sie spüren ihre Schwächen auch ungleich stärker – tagtäglich haben sie ja nun nicht nur normal leistungsfähige Kinder vor Augen, sondern auch Spitzenschüler. Die mögen zwar tolerant und hilfsbereit sein und ihnen manchmal unter die Arme greifen – aber sie sind einfach um so vieles leistungsstärker als die früheren Kameraden in der Förderschule. Verteilte Schüler bedeutet aber auch springende Pädagogen: Die Förderlehrer haben jetzt keine feste Bezugsgruppe mehr, sie sind vielleicht für acht Klassen gleichzeitig zuständig, springen also von Raum zu Raum – und nicht selten auch von Schule zu Schule, quasi als Reisepädagogen.

»Aber was geht das mich an«, mag man denken, als Mutter oder Vater eines »normalen« Kindes, erst recht als Bürger ohne eigenen Nachwuchs? Inklusion bedeutet leider nicht nur ein Entwicklungsrisiko für Sorgenkinder sowie Überforderung und Geringschätzung ihrer Förderlehrer. Radikale oder unterfinanzierte Inklusion gefährdet auch die Entfaltung der anderen, der Regelkinder – und sie ruiniert letztlich das gesamte Bildungssystem. Da die Förderkinder nur in einzelnen Stunden angemessen betreut werden, bringen sie in der übrigen Zeit den Unterricht oft tüchtig durcheinander. Der billige Rat an die Regellehrer: In Stunden ohne Doppelbesetzung (und das ist in der Regel die Mehrzahl) sollten sie doch einfach auf unterschiedlichen Niveaus parallel unterrichten. Aber dieser Rat ist angesichts der Komplexität der Lage nicht nur zynisch, er führt auch praktisch in eine Sackgasse: Je älter die Schüler und je anspruchsvoller das Lernniveau, desto unrealisierbarer ist so eine »innere Differenzierung« (auch zieldifferenter Unterricht genannt) – eine Lehrperson kann sich nun mal nicht beliebig oft aufteilen, womöglich noch permanent. Nun könnte man diese so unterschiedlichen Kinder ja schulintern nach Leistungsniveaus gruppieren, in G- und E-Kurse, in A-B-C-Gruppen, zumindest in Mathe oder Englisch (»äußere Differenzierung«). Aber das wäre eben wieder die verteufelte Selektion, dann würden Hochbegabte und Lern- oder Sprachbehinderte ja doch nicht im gleichen Raum sitzen, und das hieße, die Maxime der Inklusion erneut zu verraten.

Fehlentwicklungen und Widersprüche jedenfalls, wohin man schaut. So dürfen die Grundschulen in Nordrhein-Westfalen bei Erst- und Zweitklässlern, die einen besonderen Förderbedarf beim Lernen zeigen, diesen nicht mehr amtlich feststellen lassen. Wo kein Förderbedarf festgestellt wird, kann auch kein Bedarf nach einer politisch nicht gewollten Förderschule entstehen. In der dritten und vierten Klasse aber wird diese formale Maßnahme dann oft gar nicht mehr ergriffen – sie ist aufwändig, und es würden ohnehin keine zusätzlichen sonderpädagogischen Ressourcen bewilligt. Raffinierterweise werden nämlich Förderlehrer neuerdings nicht mehr nach Anzahl der Förderschüler, sondern nach der Schulgröße, genauer: nach der Anzahl der in einer Jahrgangsstufe vorhandenen Klassen (Zügigkeit) zugeteilt. Damit bleiben die behinderten Kinder aber nicht nur lange Zeit ohne Förderung, sie kommen auch unerkannt in den weiterführenden Schulen an. Im Lehrerjargon werden sie »U-Boote« genannt: Kinder, die in den ersten vier Jahren ihrer schulischen Laufbahn besondere Unterstützung gebraucht hätten und die jetzt hochgradig entmutigt und dadurch häufig auch stark verhaltensauffällig an den weiterführenden Schulen ihr persönliches Drama erleben.

Auch bundesweit kommt es zu einem eigentümlichen Phänomen. So steigt die veröffentlichte Inklusionsrate beständig, die Schülerzahlen an Förderschulen bleiben aber stabil – also wird bei immer mehr Kindern »Förderbedarf« festgestellt. Heutige Förderschüler an Regelschulen sind dann vielfach wohl die schwächeren Regelschüler von gestern, nur jetzt mit einem Etikett – auch das eine »Logik des Misslingens«: Man wollte diskriminierende Unterschiede abschaffen – steigerte sie aber letztlich.

Denkt man die Ideen vehementer Inklusionsbefürworter zu Ende – und verliert zudem die real existierenden Ressourcen nicht aus dem Auge –, so droht der ohnehin porösen Bildungsqualität hierzulande jedenfalls erneut ernsthafter Schaden. Indes wird in vielen öffentlichen Statements das TINA-Prinzip beschworen – »There is no alternative«, alltagssprachlich: Da kommen wir nicht drumrum. Als schlagendes Argument für diese Behauptung muss dabei immer die Behindertenrechtskonvention der UN (BRK) herhalten. Diese will in der Tat dafür sorgen, dass auch Kinder mit Handicaps freien Zugang zum Bildungswesen haben – zu Recht, denn in vielen Ländern sind Behinderte bislang völlig vom Schulbesuch ausgeschlossen. Erstaunlicherweise verlangt die BRK aber nicht, dass wir unsere Förderschulen abschaffen. Diese sind ja *der* Teil des allgemeinen Schulsystems, der spezifische Unterstützung bietet für die Schülerinnen und Schüler, die diese Unterstützung brauchen. Und solche besonderen Maßnahmen gelten dem Text der Konvention nach gerade nicht als Diskriminierung.

Hierzulande haben indes einige Bildungsideologen die BRK zum Anlass genommen, einen rigorosen

Schluss zu ziehen: Deutschland müsse den größten Teil seiner Förderschulen abschaffen und *fast alle* Kinder mit besonderem Förderbedarf in den normalen Unterricht integrieren. Nun ist es in der Vergangenheit vereinzelt durchaus gelungen, bestimmte Schüler mit speziellen Beeinträchtigungen integrativ zu unterrichten – aber das kostet viel Geld, denn es funktioniert eben nur mit pädagogischer Doppelbesetzung. Auch sind etwa körperbehinderte Kinder und manche mit Sinnesschäden gut im Regelunterricht aufgehoben – sofern die Ausstattung der Schule stimmt. Und Migrantenkinder ohne anfängliche Deutschkenntnisse könnten nach einem Sprachcrashkurs durchaus ein Gymnasium besuchen – sofern ihr kognitives Potential den Anforderungen dieser Schulform entspricht. Aber es gibt Grenzen des Gemeinsamen. Schnelle Lerner haben auch ein Recht auf besondere Herausforderungen – und Schwächere brauchen Schutz vor dem ständigen Vergleich mit den Besten. Heterogenität im Schulischen bedeutet eben nicht nur Bereicherung, sondern stellt auch eine Schwierigkeit dar – und mit platter Simultaneität ist es dabei nicht getan.

Die radikale Inklusionsschule ist aber nicht nur eine Illusion – unter der Hand gilt sie auch als Sparmodell. Regellehrer, deren Schülerschaft bislang schon heterogen genug war, haben nun auch lernbehinderte, verhaltensauffällige oder geistig behinderte Kinder vor sich, auf deren Begleitung sie in Wochenendseminaren flüchtig vorbereitet werden. Die hoch qualifizierten Förderlehrer dagegen, deren Schützlinge bislang von deren kontinuierlicher Präsenz profitieren konnten, tauchen jetzt nur noch zu sporadischer Intervention auf – und gegenüber den integrativen Vorläuferschulen sind ihre Stellen erheblich geringer dosiert. In manchen Bundesländern wird zudem mit dem Gedanken gespielt bzw. kräftig daran gearbeitet, die vormaligen Förderschulen weitgehend zu schließen und das zugehörige Spezialstudium der Sonderpädagogik drastisch zurückzufahren. Bildungsqualität und Entwicklungswohl vieler Kinder sind bedroht, Lehrkräfte geraten an den Rand der Verzweiflung, sonderpädagogische Expertise geht verloren – doch darüber gibt es keine offene Debatte in der Gesellschaft.

Nicht wenige sehen deshalb auch den gebetsmühlenartigen Verweis auf besagte UN-Konvention als bildungspolitischen Trojaner. Denn gemeinsames Lernen verpflichtend für alle, so paradiesisch dies zunächst klingt, würde das gegliederte Schulsystem letztlich ad absurdum führen. Für jedes Kind könnte dann nämlich nur noch sein höchstindividueller Maßstab gelten, die Unterschiede der Schulniveaus würden verschwimmen – de facto liefe das auf eine landesweite Einheitsschule hinaus. Ob wir aber wirklich wollen, dass unsere differenzierte Bildungslandschaft durch radikale Inklusion derart eingeebnet wird, darüber muss diskutiert werden – nicht nur im Parlament, und ohne Blockade durch Maulkörbe oder Denktabus. Kinder mit und ohne Behinderung dürfen kein Spielball sein – weder für Sparfüchse noch für Schulideologen.

Der Geist der BRK ist schließlich ein ganz anderer: Jedes Kind soll an dem für es sinnvollsten Ort lernen können – und dies kann durchaus, wie weltweit üblich, auch eine Spezialschule oder Separatklasse sein. So sieht es ja auch die Forschung: Entscheidend für das Entwicklungswohl von Kindern sind Unterrichtsqualität und Förderressourcen, nicht aber die Schulstruktur. Der Durchsetzung einer Sparinklusionsschule ist deshalb eine deutliche Absage zu erteilen, es muss vielmehr gerungen werden, nämlich um die ausgewogene Kooperation von integrationsoffenen Regelschulen und ergänzenden Förderschulen – um das also, was der renommierte Heil- und Sonderpädagoge OTTO SPECK als »dual-inklusives Schulsystem« bezeichnet hat.

Nun, erster Widerstand gegen das Unheil radikaler Inklusion regt sich bereits: Schon haben sich zahlreiche Elterninitiativen formiert, die für den Erhalt wohnortnaher Förderschulen kämpfen – und damit für den Erhalt ihrer Wahlfreiheit. Schon beschreiben Lehrer – teilweise anonym – in Leserbriefen schonungslos den Kontrast zwischen inklusiven Klassen und ministeriellen Hochglanzbroschüren. Und es mehren sich die Fälle, in denen beamtete Lehrer gegen die Inklusionspraxis remonstriert, also bei ihrem Dienstherrn gegen untragbare Zustände Einspruch erhoben haben, was nicht nur ihr Recht, sondern sogar ihre Pflicht ist. Also nicht TINA, sondern TATA: There Are Thousands of Alternatives!

Ich hege durchaus große Sympathie für eine *sinnvolle Integration* von Kindern, die besonderer Unterstützung bedürfen. Gleichwohl spreche ich im Folgenden die Probleme der derzeitigen Inklusionsentwicklung offen an – nicht nur Unterfinanzierung und Minderqualifizierung, sondern auch Irrtümer und Grenzen des Konzepts Gemeinsames Lernen.[II] Dieses Buch gibt einen Überblick über Praxiserfahrungen und

II Dieses Buch hätte ich nicht schreiben können ohne den engen Austausch mit meiner Frau, die über Jahrzehnte an Pilotschulen der Integration behinderter Kinder (Gemeinsamer Unterricht) tätig war – und dort viele Möglichkeiten des Gelingens, aber auch alle Formen des Scheiterns kennenlernen konnte.

Forschungsbefunde, die in der Inklusionsdebatte bisher in nicht genügender Weise wahrgenommen wurden. Und es skizziert die Maxime, nach der wir den schulischen Umgang mit Behinderung für alle Beteiligten sinnvoll gestalten sollten: »So viel hochqualitative Integration wie möglich, sinnvoll unterstützende Separation überall da wo nötig!«.

Dass viele Beispiele in diesem Buch aus Nordrhein-Westfalen stammen, ist weder Zufall noch Manko. In diesem bevölkerungsreichsten Bundesland geht ein Viertel aller deutschen Kinder zur Schule, seine derzeitige Bildungspolitik ist in Sachen Inklusion besonders forsch – und diese Entwicklung könnte anderen Regionen als Warnung dienen. »Nichts ist unmöglich«, so wird man bei der Schilderung mancher Szene aus den Niederungen der Inklusion zwischen Rhein und Weser sarkastisch denken.

Aber Gleiches gilt auch für mögliche Auswege aus dieser Misere. »Das lässt sich ändern« titelte ein belletristischer Erfolgsroman – warum sollte diese Parole nicht auch für die Bildungspolitik gelten? In den kommenden drei Jahren wird in zehn Bundesländern ein neuer Landtag gewählt, also auch über Schulfragen entschieden – 2017 etwa in Düsseldorf, in Kiel, in Saarbrücken. Insbesondere in Vorwahlzeiten aber können Bürger Einfluss nehmen – denn Politiker wissen, dass sie gerade über Schulthemen Wahlen gewinnen oder verlieren können.

Wir sind keineswegs gefangen in der Inklusionsfalle, es gibt ein Entrinnen, eine pädagogische Mitte zwischen totaler Inklusion und starrer Separation. Jeder von uns kann sich, alleine oder gemeinsam mit anderen, in die Debatte einmischen, von den Politikern Klärung fordern, sie zur Kurskorrektur zwingen – also mehr tun, als nur alle fünf Jahre irgendeine Partei anzukreuzen, nur seine Stimme abzugeben. Stell' Dir vor, die Wahllokale öffnen – und Du *hast* bereits etwas getan …

I. DIE LAGE
Zwischen Mühsal und Monströsem

Das zunehmende Chaos an unseren Schulen

Wer träumt nicht von einer besseren Welt, einer gerechteren Gesellschaft? Von einer Welt ohne Mängel und Konflikte, ohne Ungleichheiten und Hierarchien? Diese hoffnungsvolle Vision hat neuerdings auch eine pädagogische Variante. Ihre Grundidee: Kinder können sich dann am günstigsten entwickeln, wenn sie die Schule möglichst lange gemeinsam, ohne Trennung besuchen. Langsamer lernende Kinder werden zusammen mit Hochbegabten unterrichtet, dazu kommen im selben Klassenverband körperlich Behinderte und geistig Beeinträchtigte – alle einander bereichernd, alle einander unterstützend.

Dieser Traum eines Idealzustands scheint in den letzten zehn Jahren einer Realisierung näher gerückt zu sein. Denn 2008 hat ein Übereinkommen der Vereinten Nationen (UN-Behindertenrechtskonvention, kurz: BRK) *[vgl. Anhang Dokument B]* bekräftigt und erläutert, dass die allgemeinen Menschenrechte – darunter das Recht auf Bildung – auch für Menschen mit Behinderung uneingeschränkt gelten. Diese internationale Übereinkunft ist auch für Deutschland verbindlich geworden, in unseren Landesverfassungen und Schulgesetzen wurde das Recht behinderter Menschen auf gleichberechtigte Teilhabe an der Bildung in länderspezifischen Varianten festgeschrieben.

Rückblick

Schüler mit besonderen Entwicklungsproblemen besuchten in Deutschland spätestens seit 1960 in der

Regel Sonderschulen (später: Förderschulen). Dort wurden sie in kleinen Gruppen von speziell geschulten Sonderpädagogen unterrichtet und gefördert. Lange Zeit handelte es sich dabei um etwa 4-5 % aller Kinder, grob also jedes zwanzigste Kind.[5] Knapp die Hälfte davon hatte besondere Lernprobleme (LE), ein weiteres Viertel brauchte spezifische Förderung im Bereich »Sprache« (SQ) oder »Emotionale und soziale Entwicklung« (ES). Neuerdings steigen diese Förderquoten, die Zahl der Kinder mit besonderem Förderbedarf, allerdings teilweise stark an – was Fragen aufwirft: Lassen sich Entwicklungsprobleme heute besser oder früher erkennen? Oder werden Kinder in unseren Tagen schwieriger? Sind Lehrer Problemkindern heutzutage vielleicht weniger gewachsen – und greifen schneller zu vorpsychiatrischen Diagnosen? Oder werden einfach häufiger Förderbedarfe festgestellt, um zusätzliche schulische Ressourcen zu legitimieren?

Schon seit 1970 wurden parallel zum Unterricht in Sonder- bzw. Förderschulen verschiedene Versuche unternommen, Kinder mit Behinderungen in den Regelunterricht zu integrieren (»Gemeinsamer Unterricht«, GU). Das sah dann beispielsweise so aus, dass zur dritten Klasse einer Kölner Grundschule nicht nur die üblichen Kinder gehörten, die besonders schnell oder etwas langsamer lernten, sondern auch zwei Schüler mit besonderen Verhaltensauffälligkeiten (ES) sowie zwei weitere mit einer geistigen Entwicklungsstörung (GE).[III] Neben der regulären Lehrperson war ständig eine sonderpädagogisch geschulte Fachkraft

III Die Begriffe variieren von Bundesland zu Bundesland – eine Übersicht über die derzeit in Nordrhein-Westfalen verwendeten findet sich hinten im Buch (S. 165)

anwesend – und zwar in jeder Stunde. Die ES-Schüler wurden »zielgleich« unterrichtet, an sie wurden also reguläre Anforderungen gestellt, aber der Sonderpädagoge kümmerte sich zusätzlich um sie. Er bildete für diese Schüler eine besonders enge Kontaktperson, beschaffte bei Bedarf besonders motivierende Materialien, konnte sich mit ihnen falls nötig in einen kleinen Nebenraum zum Arbeiten ohne Ablenkung zurückziehen. Die GE-Kinder lernten dagegen »zieldifferent«, für sie galten reduzierte Anforderungen, und natürlich begleitete der Sonderpädagoge auch sie besonders eng. Beide Fördergruppen gehörten indes fest zur Gesamtklasse, partizipierten zumindest teilweise an vielen Unterrichtsstunden, nahmen an fast allen gemeinsamen Aktivitäten teil, wurden aber innerhalb der Gesamtklasse besonders betreut. Eine Situation, die für alle Beteiligten mit vielen positiven Impulsen verbunden war: Die Regelkinder konnten Mitgefühl, Hilfsbereitschaft und Toleranz entwickeln und ausbauen, die Förderkinder waren nicht nur unter ihresgleichen und wurden zusätzlich herausgefordert. Solche Pilotprojekte gab es an Gesamtschulen vereinzelt auch im Sekundarbereich. Im Schuljahr 1999/2000 nahm bundesweit etwa jedes zehnte Förderkind, zehn Jahre später etwa jedes fünfte an solchen Versuchen teil, allerdings mit großen regionalen Unterschieden.

Aufgrund der UN-Behindertenrechtskonvention haben ab 2008 alle Bundesländer geprüft, inwieweit sich die Möglichkeiten integrativer Beschulung ausweiten lassen. Nordrhein-Westfalen hat dabei besonders weitreichende Maßnahmen getroffen: Das »Gemeinsame Lernen« aller Kinder ist zum Normalfall erklärt worden. Immer weniger Kinder mit Förderbedarf dürfen deshalb dort zukünftig spezifische Förderschulen besuchen, immer mehr müssen langfristig am regulären Unterricht teilnehmen (Inklusionsschule). In manchen Stunden betreut sie zwar zusätzlich ein Sonderpädagoge, in vielen anderen aber nicht. Die bisherigen Spezialschulen, d.h. Zentren mit speziell qualifiziertem Personal, löst die Schulministerin zunehmend auf, das Elternwahlrecht wird damit weitgehend ausgehebelt. Das Credo dieses nordrhein-westfälischen Sonderwegs lautet: Nur unter nichtbehinderten Schülern können sich behinderte Kinder gut entwickeln.

Bei genauerem Hinsehen zeigt sich, dass eine solche Auffassung wissenschaftlich unhaltbar ist – gleichwohl hat diese Entwicklung Gründe (vgl. Kapitel 2). Beispiel Finanzen: Im Unterschied zur augenblicklichen Situation arbeiteten die frühen Pilotschulen des GU unter vergleichsweise guten Rahmenbedingungen: zusätzliche Finanzen, besondere Räumlichkeiten, ergänzende Lehrerdeputate, überdurchschnittlich motivierte Lehrkräfte. Jetzt aber werden Gebäude von Förderschulen geschlossen und verkauft, die hochdotierten Sonderpädagogen reduziert oder ganz eingespart, stattdessen Regellehrer im Hauruckverfahren zu Schmalspur-Sonderpädagogen fortgebildet. Überhastet eingeführt, schlecht ausgestattet und größtenteils konzeptionslos zieht flächendeckend eine neue Inklusionsschule herauf, die das Bildungssystem auch als Ganzes gefährdet.

Das mag sich übertrieben anhören – aber die Wirklichkeit ist ungleich erschütternder. Dies zeigen einige rheinische Schulszenen – Kostproben aus einem Bundesland, dessen Schulministerin sich besonders inklusionsoptimistisch gibt.

Beispiel I (Einschulung):
Problem bekannt, Problem vertuscht

Erstes Schuljahr – stets aufs Neue eine faszinierende Angelegenheit: Für das Kind beginnt ein neuer Lebensabschnitt, es gehört jetzt nicht mehr zu den Kleinen im Kindergarten, es kann nun Schritt für Schritt auch lesen, schreiben, rechnen. Und auf die Lehrerin kommt die immer wieder spannende Aufgabe zu, die Eigenheiten und Schwierigkeiten ihrer neuen Schüler kennenzulernen und sie zu einer ruhigen und produktiven Lernhaltung anzuregen.

Das war alles anders in diesem Jahr. Die ersten Monate des Schuljahrs erwiesen sich als Horrortrip. Von meinen 27 kleinen Rheinländern waren drei so stark auffällig, dass sie täglich ausrasteten, gegen Türen traten, Mitschüler schlugen, sich selbst verletzten, die Sonderpädagogin und die Schulleiterin attackierten und nicht zu beruhigen waren. Weder Einzelzuwendung noch Verstärkerpläne, weder verkürzter Unterricht noch Unterbringung in parallelen Lerngruppen schufen Abhilfe. Tägliche Elterngespräche, Beratungen mit Kollegen der Förderschule sowie vielfältige Dokumentationen folgten. Die Sonderpädagogin – eigentlich zuständig für viele Lerngruppen – musste bis zu den Herbstferien ausschließlich in meiner Klasse verbleiben, da sonst überhaupt kein Unterricht möglich gewesen wäre.

Diese Entwicklung wäre indes nicht nötig gewesen – die Situation war nämlich bereits im Vorfeld bekannt. Ein Schüler war im letzten Halbjahr vom Kindergartenbesuch ausgeschlossen worden, da er dort alles auseinandergenommen hatte. Ein anderer wurde trotz fehlender Schulreife eingeschult – der Kindergarten hatte sich von dieser Maßnahme die Lösung der dort bereits manifesten Probleme erhofft. Aber diese Vorgeschichten hatte niemand der Schule mitgeteilt – und sie konnten auch nur gegen anhaltenden Behördenwiderstand in Erfahrung gebracht werden. Erst nachdem die Sorgenkinder und auch alle Mitschüler einen dreimonatigen Leidensweg durchlaufen hatten, ließen sich geeignetere Wege beschreiten: Ein Junge geht nun in eine sozialpädagogische Sondereinrichtung, ein anderer musste zunächst stationär in die Kinder- und Jugend-Psychiatrie. *[anonyme Mitteilung in öffentlicher Veranstaltung, Lehrperson A]*

Beispiel II (Eingangsstufe):
»Bei uns verläuft die Inklusion sehr positiv.«
In der Eingangsstufe einer inklusiven Grundschule in Nordrhein-Westfalen wird das Unmögliche nach Aussage der Schulaufsicht durchaus möglich – doch wie sieht das aus? 26 Kinder besuchen die Klasse, darunter elf mit festgestelltem Förderbedarf, davon wiederum vier mit – wie man früher sagte – starken Verhaltensstörungen. Auch die 15 Regelschüler sind nicht unproblematisch: Je ein Kind hat große Schwierigkeiten beim Lernen bzw. im Sozialen (Förderbedarf LE bzw. ES wurde aber noch nicht beantragt), und zwei Kinder besuchen die Eingangsstufe im dritten Jahr (früher: »Wiederholer«) und werden individuell gefördert.

Zwei der Kinder gelten offiziell als nicht beschulbar – das wurde dem Lehrerteam im Rahmen einer Fallberatung bereits im Oktober des Schuljahres bestätigt. Das eine lebt von Geburt an mit seiner an einer schweren psychischen Störung erkrankten Mutter zusammen. Das andere Kind hat (bei normaler Intelligenz) so tiefgreifende Entwicklungs- und Reifestörungen, dass auch die eingeschaltete psychologisch-psychiatrische Beratungsstelle eine Regelbeschulung als nicht zumutbar und unmöglich diagnostizierte. Beide Schüler benötigen eine ständige 1:1-Betreuung. Auch eine Kurzzeitbeschulung (verkürzte Unterrichtszeit) erbrachte bislang keinerlei Fortschritte. Das Verhalten dieser Kinder hat zwanghafte selbstgefährdende Züge, was eine Gefahr für sie selbst, für Mitschüler und Lehrer darstellt, aufgrund der Schwere der Störungen von psychiatrischen Laien wie Lehrern aber nicht adäquat eingeschätzt werden kann. Die Mitschüler sind in Konzentration und Lernleistung erheblich beeinträchtigt, der Schulerfolg vieler Regelkinder ist dadurch stark eingeschränkt oder sogar gefährdet.

Kein Zuckerschlecken, sondern eine zermürbende Belastung für die Klassenlehrerin und eine meist anwesende Sonderpädagogin. Denn zur normalen täglichen Unterrichtsarbeit kommt hinzu: Lehrer und Mitschüler werden beleidigt, getreten, geschlagen. Mindestens einmal pro Woche ist auffälliges Verhalten gegenüber dem Jugendamt zu dokumentieren, zudem müssen zahlreiche zusätzliche umfangreiche Berichte angefertigt werden. Und es fallen ungewöhnlich viele Elterngespräche an.

Nun sollte man meinen, das Schulamt könne in solchen Situationen Abhilfe schaffen, – indem es die schwersten Fälle zur Förderschule ES verweist, also einen Wechsel des Förderortes anordnet. Doch in Nordrhein-Westfalen dürfen nur noch die Eltern selbst einen Übergang zur Förderschule beantragen – also regte das Schulamt an, die Familie unter Druck zu setzen. Diese weigerte sich aber, und gegen den Elternwillen will das

Schulamt nichts unternehmen – aus Furcht, eine solche Maßnahme könnte einer rechtlichen Überprüfung nicht standhalten und die offizielle Inklusionsrhetorik konterkarieren. Andere Bundesländer arbeiten da effektiver, weil dezentraler – in Bayern oder Sachsen entscheidet über solche Problemlagen der Schulleiter vor Ort. Die Schulbürokratie in Nordrhein-Westfalen indes scheut die pragmatische Kompetenz der Basis. Und noch aus einem weiteren Grund gibt man sich gerne zögerlich: Die Förderschule ES platzt inzwischen aus allen Nähten – weil sich solche Rückschulungen aus den Inklusionsklassen häufen. Der offizielle Slogan dazu lautet unverdrossen: »Wir sind auf dem Weg.« *[persönliche Mitteilung, Lehrperson B]*

Beispiel III (Sekundarstufe I):
Kleine Klasse, normaler Wahnsinn

Alltägliches Tollhaus: Nur 21 Schülerinnen und Schüler besuchen die 6. Klasse einer inklusiv arbeitenden Schule – aber die Mischung hat es in sich! Zwei sind in ihrer Sprachentwicklung stark beeinträchtigt, zwei gelten (in alter Diktion) als lernbehindert, ein Kind hat eine geistige Behinderung und vier sind im emotional-sozialen Bereich hochproblematisch (drei davon zwar medikamentös eingestellt, aber zunehmend unsteuerbar, wenn die Wirkung der Medikamente abklingt). Es gibt auch noch einen Schüler ohne ausgewiesenen Unterstützungsbedarf; ihm wurde indes das Etikett ADHS umgehängt, er verletzt sich immer wieder selbst, und in Bedrängnis wird er auch gewalttätig oder entzieht sich der Aufsicht durch Weglaufen. Außerdem sind viele andere Kinder emotional und sozial vernachlässigt. Das Leistungsspektrum reicht von geistiger Behinderung bis zum guten Realschüler. Die Schule liegt in einem sozialen Brennpunkt von Nordrhein-Westfalen.

Und die Lehrer? Schon der Plural ist irreführend, denn einen kontinuierlichen Klassenlehrer im Team mit einem permanent anwesenden Sonderpädagogen sucht man hier vergeblich. Es herrscht das Fachlehrerprinzip – die Bezugspersonen wechseln also häufig, der Klassenlehrer ist zudem nicht an allen Tagen in der Klasse und dann auch nur stundenweise, eine kontinuierliche Beobachtung und Begleitung der Schüler durch eine Bezugsperson ist deshalb unmöglich. Und in der Mehrzahl der Stunden gibt es keinen Zweitlehrer. Kommt es zu einem Zwischenfall mit den teilweise stark gestörten Kindern, ist der Kollege allein. Eine brisante Mobbingsituation konnte kaum aufgelöst werden. Lernschwache und ängstliche Kinder gehen in solchen Klassenkonstellationen unter. *[persönliche Mitteilung, Lehrperson C]*

Beispiel IV (Neue Lernkultur):
Beinahe geistig behindert geworden

Ich soll einen Erstklässler auf mögliche geistige Behinderung überprüfen. Markus verhalte sich sehr merkwürdig und sei leistungsmäßig völlig überfordert, so der Vorbericht der Lehrerin. Mit nur zwei bis drei Wochenstunden sonderpädagogischer Parallelbetreuung könne man ihm nicht gerecht werden. Glücklicherweise habe die Mutter den Antrag zur Überprüfung gestellt – die Schule dürfe das ja nicht mehr, und das Schulamt sei politisch gebunden.

Meine Untersuchung ergab, dass Markus zwar nervös und entmutigt war, aber keineswegs geistig behindert. Bei jeder Aufgabe sagte er zunächst »kann ich nicht« oder »keine Ahnung«, aber mit entsprechender Ermutigung schaffte er dann doch vieles. Im regulären Unterricht fehlt ihm jedoch diese enge und ermutigende Begleitung. Das liegt nicht nur an der Klassengröße, sondern auch an der distanzierten Haltung der Lehrerin: Sie redet kaum mit den Kindern, erklärt wenig, setzt weitgehend auf die Motivation durch Materialien – vielleicht aus dem neopädagogischen Missverständnis heraus, man dürfe die Eigenaktivität der Schüler nicht blockieren, sie nicht von sich als Lehrperson abhängig machen. Und da eine Zweitlehrerin weitgehend fehlt, die den Jungen individuell fördern könnte, läuft er irgendwie mit.

Auf meine Frage, wie es ihm in der Schule gefalle, sagte Markus: »Die machen immer was anderes!« Nach Angaben der Mutter hatte er sich sehr auf die Schule gefreut und sei anfangs auch gerne hingegangen, mit der Zeit sei aber eine regelrechte Schulunlust entstanden. Das Ergebnis meiner Überprüfung erleichterte Lehrerinnen wie Eltern. Sie wollten Markus jetzt an einer Förderschule Lernen anmelden, im Rahmen der Inklusion sahen sie für ihn in dieser Klasse keine Chance. *[persönliche Mitteilung, Lehrperson D]*

Beispiel V (Realschule):
Für »brave kleine Mädchen« aussichtslos

Meine Tochter hatte zwar eine Gymnasialempfehlung, aber das eigenständige Erarbeiten von Zusammenhängen fällt ihr manchmal noch schwer, deshalb ist sie laut jetziger Klassenlehrerin ein perfektes Realschulkind. Sie ist mit gerade zehn Jahren in der 5. Klasse die Kleinste und Jüngste. Ihre Noten sind gut bis sehr gut, sie ist freundlich, höflich und hält sich an Regeln. Bisher hatte sie immer viel Spaß an der Schule und am Lernen.

Ihre jetzige Klasse ist die Inklusionsklasse des Jahrgangs, d.h. zu ihr gehören auch fünf Kinder mit sonderpädagogischem Förderbedarf. Insgesamt sind es deshalb auch nur 22 Schüler und meistens ist auch eine Sonderpädagogin mit im Unterricht.

Leider fühlt sich meine Tochter dort in der Klasse sehr unwohl. In der Klasse ist es ständig laut und unruhig. Manche Kinder werden immer wieder vor die Tür geschickt, weil sie sich nicht an Regeln halten. Dreht der Lehrer sich zur Tafel, wird er veralbert oder ihm wird der Stinkefinger gezeigt. Manche machen nie alle Hausaufgaben und das immer wieder. Es gibt Joker für Kinder, die immer alle Hausaufgaben in einem gewissen Zeitraum vorgelegt haben. Die Zahl der Kinder, die diese Joker erhalten, kann man an einer Hand abzählen.

Die Klassenlehrerin meinte auf Nachfrage nur, ein Klassenwechsel alleine wegen »nicht wohlfühlen« wäre ohnehin nicht machbar – und in anderen Klassen sei die Lage ähnlich. Eine Klasse mit ruhigen, ordentlichen Kindern, so wie meine Tochter das gerne hätte, gäbe es sowieso nirgends. Muss man damit leben, dass Schulklassen heute so sind? Oder muss ich meine Tochter doch am G8-Gymnasium anmelden? Oder sie zur 22km entfernten nächsten Realschule fahren? *[Elternschilderung vom 20.4.2013, aus www.eltern.de/foren/]*

Beispiel VI (Realschule):
Förderung erfolgreich, also Schulverweis

Hemat wird als Förderschüler LE an einer inklusiv arbeitenden Realschule aufgenommen. Da es hier einen auf Lernbehinderung spezialisierten Förderlehrer gibt und dieser ungewöhnlich viele Stunden in Hemats Klasse arbeitet, entwickelt der Junge sich gut – und erreicht nach zwei Jahren Hauptschulniveau, hat also keinen besonderen Förderbedarf mehr. Damit verliert er aber auch seinen Förderanspruch – wäre in einem Unterricht nach Realschulstandard indes überfordert. Die bittere Konsequenz für ihn: Verlust der vertrauten Lerngruppe, Wechsel zur Hauptschule. Die zynische Perspektive fürs Kollegium: In Zukunft sollten wir nur noch ganz schwache Lernbehinderte an unsere Realschule aufnehmen – ein solcher Erfolg darf nicht wieder vorkommen. *[persönliche Mitteilung, Lehrperson E]*

Beispiel VII:
Schon im Kindergarten kann es schiefgehen

Bei der fünfjährigen Manuela wurde eine Autismus-Spektrum-Störung (ASS, eine tiefgreifende Wahrnehmungs- und Informationsverarbeitungsstörung des Gehirns) diagnostiziert, sie könne aber integrativ (also begleitet von einer Heilpädagogin) den Regelkindergarten besuchen. Mangels geeigneten Personals wird stattdessen eine zusätzliche Erzieherin eingestellt. Manuelas Start scheint zu gelingen: Sie fühlt sich wohl im Kindergarten, kommt gerne, profitiert vom Lernangebot, und sie kann sich auf sanfte Kontaktaufnahmen der anderen einlassen. Nach zwei Monaten wird die Situation plötzlich schwierig, Manuela will sich nicht mehr von der Mutter trennen, sie stört die anderen Kinder zunehmend. Obwohl alle bester Absicht sind, versteht keine der regulären Erzieherinnen die Situation – es hätte das vertiefte entwicklungspsychologische Fachwissen einer ausgebildeten Heilpädagogin gebraucht, um mit Manuela in tieferen Kontakt zu kommen. *[Berufsverband Heil- und Sonderpädagogik Schweiz 2015]*[6]

Beispiel VIII:
Hilferuf aus der Förderschule
Vor ein paar Jahren begann die Debatte um die Schließung unserer Schule. Das, was wir bieten und was uns gelingt (Schulabschlüsse, Erfolge im ersten Ausbildungsmarkt, sichtbare gute Entwicklungen), soll einfach weggeputzt, ein hoch motiviertes Kollegium aufgelöst werden. Noch gibt es uns. Aber das Tempo der Inklusion nimmt zu. Dabei zeigen uns Grundschulkollegen Fotos ihrer Arme mit Bissverletzungen, und in der Sekundarstufe haben immer mehr Schüler erhebliche psychische Probleme. Und bei all diesen Befindlichkeiten, die bearbeitet werden müssen, wird Unterrichtszeit immer knapper. Alles, was wir Förderlehrer heute noch irgendwie auffangen, wird an Regelschulen nicht bearbeitet werden können. All' diese Kinder und Jugendlichen wird die Gesellschaft nach der Schulzeit verlieren. Ich würde gerne jemandem, der zu entscheiden hat, meine Schülerschaft vorstellen – eine Parallelwelt, von der er keine Ahnung hat, voll tapferer Kämpfer, die trotz widriger Bedingungen tolle Menschen sind und ihren Weg gehen wollen! *[Leserbrief Kölner Stadt-Anzeiger Oktober 2016]*

Verbände

Nun könnte man denken, das sind subjektive Schilderungen, von einzelnen, vielleicht unfähigen oder unwilligen Pädagogen. Aber die Klagelisten, die sich bei den Personalräten häufen, zeigen eine objektive Problemlage. Hier einige Zitate von Sonderpädagogen zu den Schwierigkeiten und Widersprüchen im Gemeinsamen Lernen, vom Frühjahr 2016 in Nordrhein-Westfalen:

- *Inkompetenz*

  »Ich soll Klassenarbeiten für Kinder mit Förderbedarf entwickeln, obwohl ich am Unterricht in diesem Fach nicht teilnehme und den Leistungsstand der Kinder nicht kenne.«

  »Ich muss für alle Schüler*innen mit Förderbedarf in allen Fächern individuelle Förderpläne schreiben, obwohl ich im Unterricht nicht in allen Fächern anwesend bin.«

  »Regelschullehrer können Sonderförderbedarfe nicht einschätzen.«

  »Regelschullehrer können nicht durchgängig binnendifferenziert unterrichten, sind also der Heterogenität nicht gewachsen.«
- *Missbrauch*

  »Ich werde ständig als Vertretungskraft für den Unterricht der allg. Schule eingesetzt.«

  »Ich muss den kompletten Englischunterricht an der Schule erteilen, auch in Klassen ohne Förderkinder.«

  »Ich höre ständig ›Das sind deine Kinder, du bist dafür verantwortlich‹, obwohl sie doch als Schüler der (inklusiven) Regelschule gelten.«

- *Materialmangel*

»Meine Förderschüler erhalten keine adäquate fachliche Förderung, weil keine Unterrichtsmaterialien vorhanden sich und auch nicht angeschafft werden.«

- *Überlastung*
  »Ich bin seit Beginn des Schuljahres in der Inklusion tätig und habe in 2 Monaten 19 Überstunden machen müssen.«
- *Gefährdung*
  »Ich habe 27 Kinder in der Klasse, davon 3 ES mit Selbst- und Fremdgefährdung. Die Schulaufsicht antwortet mir, dass ich die Eltern mehr »unter Druck« setzen müsste (damit sie einer Überweisung in die Förderschule zustimmen). Was kann ich tun? Ich habe das Gefühl, es nicht mehr zu schaffen.«

Summarisch – und stellvertretend für viele andere – beklagt eine Fachgruppe Förderpädagogik im Kreis Recklinghausen bei der Inklusion »Qualitätsverlust, untragbare Förderbedingungen, zunehmende Kritik, schwindende Akzeptanz«. Selbst Befürworter der Inklusion merken anscheinend immer deutlicher, dass nicht nur auf ihrem Rücken, sondern auch durch ihr Mitwirken eine Art Menschenversuch stattfindet, der prinzipiell fragwürdig und darüber hinaus unzureichend ausgestattet ist. Skurrilität am Rande: Bei aller Mangelhaftigkeit gibt es auch Stimmen von Sonderpädagogen, die sich über ein Zuwenig an echter Inklusion aufgrund ihrer dezidierten Zuständigkeit für die Förderkinder beklagen: »Ich darf die Regelschüler nicht fördern, schließlich sei ich als Sonderpädagoge ja nur für Förderkinder zuständig, arbeite sozusagen nur ›exklusiv‹«.

Auch von Seiten der Regellehrer hagelt es Kritik an der Umsetzung des Gemeinsamen Lernens. Der Verband der Sekundarschullehrer *lehrerNRW* etwa beklagt insbesondere den eklatanten Mangel an Lehrkräften mit sonderpädagogischem Hintergrund. Förderschullehrer würden deshalb regelrecht herumgereicht, seien teilweise an bis zu fünf (!) Regelschulen abgeordnet, um dort inklusiv arbeitende Klassen zu unterstützen. »Diese Flickschusterei führt dazu, dass ein qualitativ hochwertiger inklusiver Unterricht vielerorts nicht stattfinden kann. (…) Gemeinsame Absprachen und ein kontinuierliches Arbeiten zwischen Regel- und Förderschullehrern sind unter diesen Umständen unmöglich« *[Pressemitteilung 27.5.2016]*.

Für den Gymnasialbereich kritisiert der Philologenverband (etwa in Baden-Württemberg am 9.4.2015) die Unsinnigkeit, Schüler innerhalb einer Klasse auf verschiedene Bildungsziele hin zu unterrichten: »Die Inklusion von Schülern mit Behinderungen am Gymnasium ist im Hinblick auf das Kindeswohl nur für diejenigen sinnvoll, die dem gymnasialen Bildungsgang folgen können. (…) Zieldifferenter Unterricht kann von den gymnasialen Lehrkräften nicht in einer Weise geleistet werden, dass die betroffenen Schüler besser gefördert würden, als dies an der Förderschule der Fall wäre. Es ist für die Lehrkräfte schon schwierig genug, allen nichtbehinderten Schülern einer (in der Regel ohnehin viel zu großen und heterogenen) Klasse am Gymnasium gerecht zu werden.« Aus Nordrhein-Westfalen hört man Ähnliches – so haben sich die Schulkonferenzen aller fünf Paderborner Gymnasien einstimmig (!) gegen das Angebot zieldifferenter Inklusion ausgesprochen.[7] Nur in Köln gibt man sich getreu dem Karnevalsmotto: »Et hätt noh immer jot jejange!« locker: Mehrere dortige Gymnasien[8] haben sich »auf den Weg gemacht«. Ob die Richtung überhaupt sinnvoll ist, scheint dabei weniger bedeutsam. Sie haben es sich zum Ziel gesetzt, barrierearm zu unterrichten, mit nur sechs bis sieben Stunden Doppelbesetzung pro Woche. Sie wollen auf diesem inklusiven Weg nicht nur Kinder mit sonderpädagogischem Unterstützungsbedarf aufnehmen, sondern sind auch fest entschlossen, »die Vielfalt aller Menschen als Bereicherung zu erleben und ihre prinzipielle Zugehörigkeit zur Gesellschaft zu verwirklichen«. Ist das mutig und zukunftsweisend oder nicht vielmehr tollkühn und unzureichend durchdacht?

Wie breit die Sorge über die rot-grüne Inklusionspolitik in Nordrhein-Westfalen ist, zeigte nicht zuletzt eine Anhörung im Düsseldorfer Landtag am 24.2.2016, die die kleineren Landtagsparteien FDP und Piraten initiiert hatten. Dort äußerten sich – neben einigen Wissenschaftlern – zahlreiche Vertreter von Schulen und Lehrerverbänden zur Lage in diesem Bundesland. Die am häufigsten vorgebrachten Monita: das zu hohe Reformtempo, das Fehlen von Basisstandards, ein Mangel an alltagstauglichen Konzepten für Gemeinsames Lernen, das zu geringe Stellenbudget, die forcierte Schließungswelle bei Förderschulen sowie verstärkte Probleme an den verbleibenden Förderschulen durch Rücklauf und Ballung von nicht integrierbaren Schülern, also Sorgenkindern mit besonders komplexer Problematik.

Öffentliche Debatte

Aber noch einmal kritisch hinterfragt: Könnte es sich bei den aufgezeigten Problemfeldern nicht auch um eine konzertierte Aktion der Berufsverbände »fauler Säcke« handeln? Haben wir es vielleicht doch nur mit dem Jammern eines Milieus zu tun, in dem Lehrer einander ihre Überlastung schildern und sich gegenseitig ihrer Leiden versichern? Aber es handelt sich eben nicht nur um Klagen einzelner Lehrer. Mittlerweile mehren sich auch in bundesdeutschen Leitmedien kritische Stimmen zum Inklusionschaos.

- Schon 2011 hatte der Erziehungswissenschaftler Rainer Winkel in der FAZ angesichts des damals aufkeimenden Wunschbildes »alles inklusiv« gefordert: »Rettet die Sonderschulen!«
- Im Juli 2014 überschrieb das Blatt seine Recherchen im »Paradiesgärtlein der Inklusion« als »unglaubliche Gleichmacherei« – tatsächliche Wesensmerkmale wie Behinderung oder Begabung könne man doch nicht einfach wegdiskutieren.
- In der ZEIT vom 25.7.2014 warnte die saarländische Ministerpräsidentin Kramp-Karrenbauer davor, Inklusion »mit der Brechstange« zu praktizieren – mehr Integration sei zwar möglich, aber es gebe auch Grenzen.
- Im Oktober 2014 gab die Süddeutsche Zeitung dem Begründer und jahrzehntelangen Inhaber des Lehrstuhls für Sonderpädagogik Otto Speck Gelegenheit, umfangreich über »inklusive Missverständnisse« zu berichten – er entlarvte insbesondere die Mär von den inklusiven Schulsystemen anderer Länder, die Zwangsläufigkeit einer Einheitsschule im Gefolge der UN-BRK sowie das

Tabu der immensen, quasi nicht zu bewältigenden Kosten einer radikalen Inklusion.

- Sogar die taz musste am 8.2.2016 von einem »Brandbrief« Bremer Grundschulrektoren berichten – die dauerhafte und gravierende Unterversorgung mit Sonderpädagogen in der Inklusion habe zu einer Situation geführt, die für alle Beteiligten »jenseits der Belastungsgrenze« liege. Dieses Bundesland hatte kurzerhand das Studium der Sonderpädagogik bereits ganz abgeschafft – und hat nun zu wenig Förderlehrer. Stattdessen können sich hier Regellehrer berufsbegleitend während zehn Wochenstunden über zwei Jahre zum Sonderpädagogen weiterbilden – neue Schmalspurspezialisten in Zeiten ökonomistischer Bildungsreformen.
- Am 7.4.2016 beschrieb – noch einmal in der FAZ – ein Gesamtschullehrer deutlich und drastisch, »wie der Unterrichtsalltag in einer Klasse mit behinderten und nichtbehinderten Kindern aussieht«, nämlich als miserabel ausgestattetes Experimentierfeld mit erwartbarem Scheitern – seine Bilanz: »Inklusion als Sparpaket«.
- Und am 12.6.2016 machte eine Lehrerin in der WELT öffentlich, dass in Nordrhein-Westfalens ersten Grundschulklassen heute eine Vielzahl »eindeutig gehandicapter oder verhaltensauffälliger Kinder« (auch solcher mit Selbst- oder Fremdgefährdung) sitze, denen das Schulamt aber keinen sonderpädagogischen Förderbedarf attestiere – weil sonst mehr Sonderpädagogen finanziert werden müssten. Auch hier wieder: Inklusion als Sparmodell.

Eine Langzeitbeobachtung

Nun gut – aber sind das nicht alles doch nur Momentaufnahmen, müsste man einem so bedeutsamen Projekt wie der Inklusion nicht mehr Zeit einräumen, liegt vielleicht in der Entwicklung die Perspektive? Eine Redakteurin der ZEIT nahm sich deshalb vor, die Sache gründlicher und mit mehr Bedacht zu untersuchen. Statt nur vom Redaktionstisch aus über die Inklusion zu jubeln oder sie zu verdammen – oder handverlesenen bzw. widerstreitenden Experten das Wort zu geben –, begab sich JEANNETTE OTTO längerfristig in den schulischen Alltag. Sie besuchte einige Jahre lang eine inklusive Klasse der Gesamtschule Ost in Bremen und recherchierte vor Ort, voller Sympathie, aber auch mit Skepsis – in aller Widersprüchlichkeit eben.

Es beginnt 2011 – mit besten Absichten, gleichwohl als Alptraum: Lehrer Dopps fünfte Klasse startet mit vier speziellen Sorgenkindern, zusätzlich zu den 16 übrigen Schülern, von denen auch jeder zweite erhebliche Verhaltensauffälligkeiten und Lernprobleme mitbringt. Der Klassenlehrer übernimmt die inklusive Lerngruppe ohne vorherige Fortbildung, aber voller Begeisterung für die Inklusionsidee. Doch die Ernüchterung setzt bald ein: »Immer wieder fühlte er sich, als käme eine Welle auf ihn zu, ›die größer war als alles, was ich zuvor gesehen hatte‹«, es gab Tage, da dachte der erfahrene Pädagoge, er würde durchdrehen. Nur mit Hilfe unbezahlter Mehrarbeit auch seiner Kollegen übersteht er die erste Zeit überhaupt, am Schuljahrsende wird er die Klasse zwar einigermaßen im Griff, aber nur zwei von acht Lektionen Englisch geschafft haben, trotz Arbeitsblättern mit unterschiedlichen Schwierigkeitsgraden. Der beteiligte Sonderpädagoge ist indes fast zufrieden, ein Förderkind löse jetzt schon Matheaufgaben, die es in der Sonderschule womöglich gar nicht bekommen hätte – und er führt als weiteres Pro-Argument an, er selbst sei zuvor unter lauter Sorgenkindern im Förderzentrum »auf eine gewisse Art verblödet«. Die »Normalen« jedenfalls hätten eine Art »Crashkurs in sozialem Einfühlungsvermögen« absolviert – was die Redakteurin ihnen allerdings nicht als Dauerlösung wünscht. Immerhin hatte ein Förderschüler einer Klassenkameradin die Schulter gebrochen – was kaum ein Lehrer in seinem ganzen Dienstleben erleben muss. Ach ja: Ein weiteres Problemkind wurde wegen übergroßer Schwierigkeiten schon nach kurzer Zeit in ein Förderzentrum überwiesen – ein Notausgang, den Bremen im Weiteren aber abschaffen wollte – »dann wird jedes Kind zur Inklusion verdammt sein«, so Lehrer Dopp. *[ZEIT print 28/2012]*

Nach der Klasse 6 ist ein Teil des Englischstoffs aufgeholt, es wird auch gemeinsam Theater gespielt, und die Schüler haben sich daran gewöhnt, »dass manche Kinder einfach anders sind, dass sie Dinge sagen, über die man sich wundern kann, dass sie vieles anders sehen und wahrnehmen und manchmal Grenzen überschreiten, die für andere ganz klar sind«. Immer noch investieren alle Beteiligten regelmäßig unbezahlte Mehrarbeit – für zusätzliche Teamsitzungen, für die Erstellung von unterschiedlichen Arbeitsmitteln. Um die Leistungsstarken macht Lehrer Dopp sich nicht mehr so viele Sorgen – »mehr Aufmerksamkeit müsse im Moment eher das Mittelfeld bekommen«. Und bei einigen zeichnet sich ab, dass sie noch nicht einmal den Hauptschulabschluss schaffen werden. In den Hauptfächern werden die Schüler jetzt (ab der siebten Klasse) in drei Kursstufen eingeteilt, demnächst (ab der 9) vielleicht auch – entgegen der Intention – getrennt unterrichtet. *[ZEIT print 38/2013]*

Auch am Ende der siebten Klasse haben sich viele Kinder weiterentwickelt, zeigen sie Leistungen, die man ihnen zuvor nicht zugetraut hätte – »obwohl die Matheaufgaben komplizierter und die englischen Texte länger werden«. Die soziale Kompetenz ist gewachsen: »Wir kennen die Macken der anderen inzwischen ziemlich genau«, sagt Felix abgeklärt. Er sitze neben dem Inklusionskind Alex, der nun mal mehr Hilfe brauche als andere. »Aber ich gehe nicht mehr so sehr auf ihn ein wie früher. Ich sag: Konzentrier dich, und dann macht er eigentlich gut mit.« Aber es gibt auch Max, der ernst sagt: »Ich bin ein Inklusionskind« – obwohl Lehrer Dopp jede ausgrenzende Bezeichnung vermeiden wollte, nur von »besonderer Klasse« sprach. Dennoch: Für die anderen Kinder sind sie die I-Klasse, die mit dem Stigma Inklusion. Für die Regelschülerin Sarah ist das ziemlich ärgerlich: »Wenn ich sage, ich hab 'ne Eins in Mathe, dann zählt das gar nicht. Das nervt.« »Und in Englisch hängen wir total weit hinterher«, ruft Kornelius dazwischen. »Die Lehrer müssen ja auch immer alles zigmal erklären.« Für Lehrer Dopp ist die Überforderung zurückgegangen – aber: »Wir bewegen uns immer noch zwischen Gelingen und Scheitern.« Die einen hätten Entwicklungsschübe, andere fielen plötzlich unaufholbar zurück – im Fall von Tuna sogar, ohne dass das einer gemerkt habe. Aber die Schüler in der neunten Klasse in den Hauptfächern separat zu unterrichten, will er auf keinen Fall. »Weil die Inklusion spätestens an dieser Stelle gescheitert wäre.« »Er werde alle Tricks und Möglichkeiten ausschöpfen.« *[ZEIT print 29/2014]*

Ein weiteres Jahr später, nach der achten Klasse: Es kristallisiert sich heraus, dass nur die ständige Präsenz des Sonderpädagogen einen halbwegs passablen Unterricht garantiert – was aber lediglich in der Hälfte der Zeit finanziert wird. Und dass die Lehrer sich »von etlichen Hoffnungen verabschiedet« haben, auch von der Möglichkeit, die neunte Klasse ohne Einteilung in Leistungsgruppen zu unterrichten, also gemeinsam. Aber nicht nur bei den Lehrern, auch bei den Schülern »sind Illusionen geplatzt«. »Warum kann man die Inklusionsschüler nicht wieder von uns trennen?«, fragt Kornelius. Könnte er das Rad der Zeit zurückdrehen, er ginge nicht wieder in die Inklusionsklasse. »Es nervt mich, dass wir in vielen Fächern so weit zurück sind.« Zumal irgendwann Abschlussprüfungen kämen, in der zehnten Klasse – und gemeinsam lernen würden sie wegen unterschiedlicher Aufgabenniveaus sowieso nicht mehr. Ob die Inklusionsschüler Max, Murat, Tuna, Elena und Alex einen Ausbildungsplatz bekommen, sofern der Abschluss klappt, steht auch völlig in den Sternen. Denn die Folgen gestörter Familienbindung und versäumter Erziehung lassen sich nicht im erwünschten Maße kompensieren – nicht einmal bei dem überdurchschnittlichen Einsatz der Pädagogen. Was indes weiterhin gemeinsam funktioniert und beglückt, sind Theaterprojekte, Fahrradtouren, das Fußballcamp – nicht weniger, aber auch nicht mehr. *[ZEIT print 29/2015]*

Ein weiteres Jahr später bezeichnet die Redakteurin das Bremer Experiment immer noch als »Wagnis«, es scheint »nichts sicher und endgültig«. Zwar kann es gut sein, dass Tuna sonst nicht dazu gekommen wäre, im Orchester Kontrabass zu spielen, dass die Förderkinder nicht eine Klassenfahrt nach London hätten machen können. Und es ist sicher toll, wenn Max und Tuna sich inzwischen nachmittags zum Mathelernen verabreden. Überhaupt verdient es höchste Anerkennung, wie unermüdlich sich die Lehrer, ein Jahr vor dem Mittleren Schulabschluss, für den Endspurt und für eine Berufsperspektive ihrer Schützlinge engagieren! Aber auch das führt nicht zu Wundern: Alex etwa wird keinen Schulabschluss, kein Zeugnis mit Noten wie die anderen erreichen – »das wird ihn traurig machen«, so sein Lehrer. »In ihm hat die Inklusion eine Hoffnung geweckt, die sich trotz aller Bemühungen nicht einlösen wird.« Und ob der leistungsstarke Kornelius nicht wirklich viel an unterrichtlicher Anregung verpasst hat, bleibt offen – denn der ZEIT-Bericht geht nicht über Beobachtungen und Bekundungen hinaus, erhebt oder verwendet keine belastbaren Daten, etwa über den Leistungsstand (oder auch nur den Leistungszuwachs) der beteiligten Schüler. Was indes mit Sicherheit attestiert werden kann, ist vor allem das überdurchschnittliche Engagement der beteiligten Pädagogen – aber solche erzielen auch an Förderschulen faszinierende Resultate, bringen nicht selten all' ihre Schüler in Ausbildungsverhältnissen unter.[9] Insofern fragt sich der nüchterne Leser, ob er die euphorische Selbsteinschätzung des Lehrerteams teilen kann, wonach ihre fünf Inklusionskinder bei ihnen »allemal besser aufgehoben waren als auf der Sonderschule«. *[ZEIT print 43/2016]*

Lernbehinderte am Gymnasium?

All' diese Schwierigkeiten und Ernüchterungen müssen dem ZEIT-Redakteur MARTIN SPIEWAK wohl bekannt gewesen sein. Gleichwohl verfasste er im

Dezember 2015 ein nicht uneuphorisches Plädoyer für die Aufnahme lernbehinderter Schüler – ins Gymnasium. In seinem Beitrag »Mittendrin statt letzte Reihe« schildert er die Situation im fünften Schuljahr des traditionsreichen Franz-Stock-Gymnasiums im westfälischen Arnsberg. In der Inklusionsklasse sitzen vier Förderschüler, darunter Alpay, der »gerade einmal seinen Namen sicher schreiben« kann, und Marie, die spätestens nach drei Unterrichtsstunden regelmäßig abschaltet. Der Schulleiter ergeht sich in ebenso moralschwerer wie inhaltsarmer Floskelhaftigkeit – »Wenn es um Teilhabe an der Gesellschaft geht, darf sich das Gymnasium nicht wegducken.« – und spendiert ein Drittel seines Büros für einen neuen Inklusionsraum. Das Kollegium dagegen ist höchst skeptisch, in Spiewaks Augen aus Angst vor Kaperung durch eine »Invasion von Aliens« – vielleicht aber auch nur aus gesundem Menschenverstand.

Wie verläuft nun das Experiment der Inklusionsklasse am Gymnasium in Arnsberg? Ohne sonderliche Vorbereitung begibt sich Studienrat Koch ins ungewohnte, vielleicht gar unmögliche Fahrwasser. Im Unterricht setzt er hochgradig differenzierte Aufgaben ein, wie man sie von Gesamtschulen kennt: Die einen interpretieren ein Gedicht, die anderen schreiben es lediglich ab – oder malen nur ein Bild dazu. Das ist Scheingemeinsamkeit auf hohem Niveau – de facto sind die Schüler aber um Milchstraßen voneinander entfernt. Zwar hätten die Inklusionsklassen im Schnitt fünf Schüler weniger, dennoch reichen die wenigen Zusatzstunden mit Sonderpädagogen bei Weitem nicht. Das im Kollegium öfter gehörte »Wir müssen mit den Kindern arbeiten, die wir haben« klingt arg resignativ.

Immerhin: Das Sozialklima sei gut, und die Lehrer bekämen einen besseren Blick für einzelne Schüler. Aber schon nach weniger als einem halben Jahr – die Pubertät hat noch kaum begonnen, die zweite Fremdsprache noch nicht eingesetzt – driften die Kinder immer weiter auseinander. – »Allein mit der Zauberformel von der »Individualisierung des Unterrichts« lassen sich die riesigen Unterschiede zwischen den Schülern also nicht weghexen«, konstatiert der Redakteur.

Im Unterschied dazu ist das im Folgenden geschilderte Projekt »Internationale Förderklasse« (INT), etwa am Geschwister-Scholl-Gymnasium Aachen[10], ein Konzept von Inklusion, das in der Praxis funktioniert und Mut macht: Schüler der INT sind erst vor Kurzem aus dem Ausland nach Deutschland gekommen. Sie zeigten in ihren Heimatländern besonders gute Leistungen in der Schule, viele haben dort ein Gymnasium besucht. »Sie wollen und müssen vorrangig unsere Sprache erlernen. Ihr Ziel ist es, die deutsche Sprache so gut zu beherrschen, dass sie nach eineinhalb, spätestens zwei Jahren eine Regelklasse bei uns besuchen und sogar ihr Abitur machen können.« Die Schüler lernen deshalb zunächst intensiv die Fremdsprache Deutsch. Daneben haben sie aber auch ersten gemeinsamen Unterricht in Englisch, Mathematik, Sport und Kunst. Sie sollen im Umgang miteinander ein Gemeinschaftsgefühl entwickeln und ihre Scheu verlieren, sich in der fremden Sprache auszudrücken.

Nach einem Vierteljahr beginnt bei jedem Schüler die Integration in seine »Gastklasse«, je nach Alter und Vorkenntnissen eine der gymnasialen Regelklassen. Die Schüler nehmen dort zunächst an den Sport-, dann an den Mathematik- und Englischstunden der Regelklasse teil. »Mit fortschreitenden Deutschkenntnissen wird ihr Stundenplan durch weitere Fächer in der Gast- bzw. Regelklasse nach und nach erweitert. Deshalb hat jeder Schüler einen ganz individuellen Stundenplan, der, soweit möglich, auch seine persönlichen Interessen berücksichtigt.« Nach und nach gewöhnen sich die »INTs« an die normale Unterrichtssprache und die verschiedenen Fachsprachen, etwa in den Naturwissenschaften. »Kontakte zu den deutschen Mitschülern entwickeln sich dabei ganz natürlich und damit erweitern sich auch die Sprachkenntnisse. Am Ende dieser Zeit steht in der Regel eine vollständige Eingliederung in die »normale« gymnasiale Klasse«.

Die Unterrichtsgestaltung muss sich natürlich der Heterogenität der Gruppe sowie dem ständigen Wechsel zwischen Gastklasse und Förderklasse anpassen. »Deutsch als Fremdsprache« wird deshalb teils in Kleingruppen unterrichtet, teils arbeiten die Schüler selbstständig auf individuellem Niveau. Die Lehrer achten sehr darauf, dass jeder Schüler persönliche Förderung und Betreuung erhält, um für den Übergang in die Regelklasse »fit« zu werden, sie verstehen sich »auch als persönliche Ansprechpartner für alle sonstigen Fragen, welche die Kinder in der neuen und ungewohnten Umgebung bewegt«. Wie schön, wie sinnvoll, wie möglich!

Die Rheinische Direktorenvereinigung unterscheidet denn auch klar zwischen Möglichem und Unmöglichem – ganz im Sinne des gesunden Menschenverstandes. Gymnasien könnten alle diejenigen Förderschüler aufnehmen, deren kognitives Potential einen gemeinsamen, zielgleichen Unterricht zulässt (also die mit besonderen körperlichen Einschränkungen oder Verhaltensauffälligkeiten, Förderschwerpunkte KM/SE/HK oder ES, vgl. Anhang) – aber erst und nur dann, wenn die dazu erforderlichen Ressourcen bereitgestellt würden (baulich wie personell). Dagegen mache ein gemeinsamer, aber zieldifferenter Unterricht bei Schülern mit Förderschwerpunkt LE und GE in Gymnasien grundsätzlich keinen Sinn – weder für diese Förderschüler noch für die Schulform an sich. Die Komplexität gymnasialer Lernstoffe, die durch G8 verkürzte Schulzeit, die ohnehin schon riesige Heterogenität am Gymnasium, das Fehlen jeglicher sonderpädagogischer Expertise bei den Lehrkräften – all' dies lasse keinen Raum für zusätzliche komplexe Aufgaben. Es beinhalte im Gegenteil für Kinder mit Förderbedarf zusätzliche Entwicklungsrisiken statt Entfaltungspotentiale.

Lehrerausbildung: Entprofessionalisierung inklusive

Ja, mag man einwerfen, gewiss gestaltet sich die Einführung der Inklusion problematisch, fehlt es hier an Mitteln, dort an Konzepten, stößt man allenthalben auf Widersprüchlichkeiten. Aber wir stehen doch erst am Anfang – wartet doch erst einmal die nächste Lehrergeneration ab, die eine passende Ausbildung durchlaufen haben wird, da wird alles viel besser funktionieren.

Tatsächlich, das Leitbild der Inklusion verändert auch die Lehrerausbildung – aber leider ist bereits jetzt absehbar, dass dies zu weiteren erheblichen Qualitätseinbußen an den Schulen führen wird. In Nordrhein-Westfalen etwa sollen sich alle Regelschullehrer demnächst ein Viertel ihres Studiums mit »inklusionsorientierten Fragestellungen« beschäftigen – was natürlich nur sehr oberflächlich ablaufen kann, immerhin dauerte ein Sonderpädagogikstudium bisher mindestens vier Jahre. Zudem ist nicht geplant, die Studienzeit zugunsten der zusätzlichen Studieneinheiten Inklusion aufzustocken, stattdessen werden die Anforderungen in den eigentlichen Unterrichtsfächern entsprechend zurückgefahren. Ein Mathelehrer wird dann zwar zusätzlich über Grundkenntnisse bezüglich kindlicher Verhaltensauffälligkeiten verfügen, kann aber mathematische Zusammenhänge schlechter erklären als bisher, da die Ausbildung in sonderpädagogischen Themen auf Kosten der Tiefe der Fachausbildung erfolgt. Auf der anderen Seite wird die Ausbildung der Sonderpädagogen verdichtet, was auch hier zwangsläufig zu einer Verflachung führen wird. Mussten sich die Studenten bisher auf zwei Behinderungsformen spezialisieren, werden demnächst Kenntnisse in allen Behinderungsformen von ihnen verlangt – sie sollen ja demnächst an mehreren Schulen alle Förderbedarfe abdecken. Bei gleicher Gesamtstudienzeit bedeutet aber auch das notwendigerweise eine geringere Expertise der jeweiligen Behinderungsformen. Nicht nur Eltern behinderter Schüler müssen sich angesichts dieser Veränderungen in der Lehrerausbildung die Frage stellen: Kann ich mein Kind noch Lehrern anvertrauen, deren Kompetenz sowohl in fachlicher als auch pädagogischer Hinsicht derart fragmentarisch, reduziert, unzureichend ist? Zumal all' diese Änderungen der Studienordnung und die Konzeptwechsel im Unterricht auf tönernen Füßen stehen, mit heißer Nadel gestrickt und bisweilen voller Naivität. Entlarvend etwa der Kommentar einer engagierten Jungprofessorin: »eine inklusive Professionstheorie wäre im Einzelnen noch zu entfalten«[11]. Dasselbe attestiert der Lehrstuhlinhaber für Lernbehindertenpädagogik an der LMU München, wenn er darauf hinweist, dass bezüglich der Ansätze für inklusive Bildung immer noch von einer »konzeptionellen Suchbewegung« (HEIMLICH) auszugehen ist.

Für den Geschichtsdidaktiker PETER GEISS aus Bonn ist es ein beinahe einmaliger Vorgang, dass derart gravierende Änderungen der Studienordnung aus bildungspolitischen Gründen verordnet werden, ohne dass sie wissenschaftlich stichhaltig wären.[12] Man könne deshalb nicht deutlich genug warnen: Der Versuch der Dekategorisierung im Bildungssystem (also der Abschaffung bzw. Nivellierung von Unterscheidungsmerkmalen und Störungsbildern) werde zu einer massiven Deprofessionalisierung der Lehrkräfte führen. In Südtirol (vgl. Kapitel 2.3) sieht man die Auswirkungen dieser Entwicklung heute schon: Da sonderpädagogische Kategorien bereits vor Jahrzehnten abgeschafft wurden, steht die empirische Forschung zu diesem Gebiet heute buchstäblich vor dem Nichts, ist quasi arbeitslos geworden – ihr Forschungsgegenstand hat sich aufgelöst, wenn auch nicht in Wohlgefallen, sondern in Einzelschicksale und Zufälligkeiten, die statistisch nicht mehr zu Buche schlagen und darum auch nicht mehr wahrgenommen werden. Illusionisten haben so natürlich leichtes Spiel: Sie können vom reibungslosen Funktionieren der Inklusion schwärmen – dabei sind die Probleme nicht verschwunden, sondern werden nur einfach nicht mehr erhoben.

Auch offiziell zugegeben: Mängel weit und breit

Es ist kaum anzunehmen, dass das Düsseldorfer Kultusministerium nicht um die immensen Missstände der Schulentwicklung an Rhein und Ruhr wüsste – indes hüllen politische Agenda, Parteiräson und Bürokratie nur allzu leicht einen Mantel des Schweigens über das Problemkonglomerat. Aber ab und zu dringt doch etwas nach außen. So gab 2015 die gewiss nicht inklusionsfeindliche Kölner Schuldezernentin AGNES KLEIN in der Zeitschrift »Schulverwaltung« indirekt zu, welch' monströse Mängellage de facto besteht.[13] Nach einem durchaus noch parteitagskonformen Stoßgebet um baldige Ausweitung der Inklusion auf alle Schulen (»auch von Gymnasien«) folgte eine Auflistung »berechtigter Fragen und Unterstützungswünsche von Schulen« – und selbst diese lange Liste sei »noch unvollständig«:

- An Grundschulen gebe es zu wenig Stellen für sonderpädagogische Förderung, deshalb müssten förderbedürftige Schüler die Schule wechseln – oder blieben eben ohne Diagnose und Hilfe.
- Es gebe zu wenig Zeit für erhöhten Austausch und Kooperation in den Lehrerkollegien.
- Es mangele an verlässlicher Ausstattung mit sonderpädagogischem und therapeutischem Fachpersonal, an besonderen Differenzierungs- und Therapieräumen sowie an zusätzlichen Lehr- und Lernmitteln.
- Die gestiegene Zahl verhaltensauffälliger Schüler stelle die Praxis vor große Probleme.
- Kinder in besonderen psychischen Notlagen dürften nicht nur kurzfristig Förderschulen besuchen können.

- Die nur in seltenen Fällen gewährleistete Doppelbesetzung mit Lehrkräften schaffe Sicherheitsrisiken, schränke den Unterricht ein, verhindere Exkursionen.
- Schulleiter hätten zu wenig Mitspracherecht bei Entscheidungen über die Aufnahme von Förderschülern.
- Weiterführende Schulen begännen häufig bei Null, da die Weitergabe von Informationen aus der Grundschule nicht adäquat geregelt sei.

Bei einem Neuwagen mit einer derartigen Mängelliste würde man sich als Autofahrer nicht mit Nachbesserung zufriedengeben, sondern umgehend ein neues Modell einfordern. Und hat nicht der Philosoph HEGEL als dialektischen Grundsatz formuliert, dass – auf einem bestimmten Punkt der Entwicklung – rein quantitative Änderungen einen Umschlag der Qualität bedeuten? Handelt es sich demnach bei der Radikalinklusion à la Nordrhein-Westfalen nicht mehr nur um Defizitfülle, sondern schlichtweg um einen Irrweg, wenn nicht sogar um Irrsinn?

Die oben mit ihrem Forderungskatalog zitierte Amtsleiterin aber folgte eher dem Prinzip »Klappt nicht? Dann mehr davon!« – und richtete die »Bitte« an ihre Landesregierung, diese Gegebenheiten »sorgsam im Blick zu behalten«. Wie feinfühlig formuliert, welche Behutsamkeit angesichts der geschilderten Zustände! Diese Vorsicht wird verständlich, wenn man sich erinnert, wie empfindlich, ja autoritär die Kultusbürokratie reagierte, als sich 2013 in einem offenen Protestbrief 20 Aachener Förderschulleiter über Personalmangel beklagten. Jahrelang hatten sie mit

Unterbesetzungen von 5 bis 15 % zurechtkommen müssen, weil die Sonderpädagogen vorrangig an Inklusionsschulen abgeordnet worden waren. Aber diese Zustände sollten natürlich nicht publik gemacht werden: Der zuständige Schulamtsdirektor wurde von der Bezirksregierung suspendiert, die Schulleiter berief man zum dienstlichen Mahnungsgespräch ein – die Beamten hätten ihre Pflicht zur »Amtsverschwiegenheit« nicht beachtet. Im Landtag sprachen FDP und CDU von »Maulkörben«, die das »Duckmäusertum« unter Lehrern fördere.[14] Dass das Einfordern von Untertanengeist auch im rot-grünen Milieu derart gedeiht, hat denn doch manchen verwundert. Aber wer das Paradies schon auf Erden schaffen möchte, darf eben in der Wahl seiner Mittel nicht zimperlich sein. Und auch wenn Reglementierungen nicht immer so weit gehen wie im eben geschilderten Fall, so lassen sich doch subtilere Formen von Meinungsmache und »Maulkörben« beobachten: Wer sich betriebsintern inklusionskritisch äußert, dem unterstellt man schon mal gerne »Ängste vor Veränderung« und drängt ihn damit, fast schon pathologisiert, in eine Ecke.

Eltern

Und wie steht es um die Einstellung der Eltern zum Thema Inklusion? Viele Eltern sind grundsätzlich keine Gegner von schulischer Inklusion – sie denken nämlich, es handele sich um eine mit Umsicht betriebene Ausweitung der bisherigen Integration, und diese befürworten sie. Die grundsätzliche Zustimmung der Elternschaft ist allerdings mehrfach gebrochen: Laut einer dimap-Umfrage von 2015 stufen 70 % der Eltern Inklusion zwar als gesellschaftlich wichtig ein, gleichwohl meinen 60 % der Befragten, auf speziellen Förderschulen würden Kinder mit Handicap besser gefördert. Zudem ist jeder zweite Erziehungsberechtigte der Auffassung, inklusive Schulen würden Kinder ohne Förderbedarf fachlich bremsen. Sehr unterschiedlich wird schließlich die Realisierbarkeit je nach Art der Behinderung eingeschätzt: Bei Kindern mit körperlich-motorischer Beeinträchtigung äußern Eltern eine starke Befürwortung (90 %), im Fall von Sprach- und Lernschwierigkeiten sowie traumatischen Erfahrungen gibt es immerhin noch einen deutlichen Zuspruch von 67, 63 und 56 %, bei Sinnesbeeinträchtigungen, Verhaltensauffälligkeiten oder geistigen Behinderungen wird zunehmende Skepsis (43, 42 und 36 %)[15] zum Ausdruck gebracht.

Die meisten Eltern bemängeln die verbreitete Unterfinanzierung schulischer Inklusion, sofern es sich nicht gerade um Leuchtturmprojekte handelt. Sie finden es auch befremdlich, dass ihr Kind neuerdings nicht mehr als förderbedürftig gilt, wenn es sog. Teilleistungsstörungen wie Legasthenie oder Dyskalkulie zeigt.[16] Vor allem aber wollen Eltern weiterhin wählen können, welche Schule ihr Kind besucht – und um diese Wahlmöglichkeit der Eltern zu gewährleisten, müssen Förderschulen wohnortnah erhalten bleiben. Interessanterweise ist dieser Wunsch nach freier Wahlmöglichkeit umso stärker ausgeprägt, je länger bereits Erfahrungen mit Inklusionsangeboten vorliegen *[vgl. Anhang Dokument C]*.

Tina Brune, Mutter eines lernbehinderten Kindes aus dem Sauerland, hat ihr Recht auf elterliche Wahlfreiheit übrigens geltend gemacht – fürs Erste jedenfalls. Sie hat ihren Jungen kurzerhand von der

Regelschule genommen und an einer Förderschule angemeldet, nachdem sie es satt hatte, dass dessen Riesenprobleme beim Lesen und Schreiben ständig nur schöngeredet wurden. Und sie tat noch mehr: Durch eine Petition an den Düsseldorfer Landtag hat sie eine landesweite Initiative für den Erhalt von Förderschulen angestoßen (mehr dazu in Kapitel 3.3).[17]

Auch in anderen Bundesländern sind Eltern bereits zur Selbsthilfe geschritten. So hat sich im nördlichen Baden-Württemberg ein »Arbeitskreis Sonderschulen Rhein-Neckar e.V.« konstituiert, weil auch hier Eltern befürchten, dass Sonderschulen »durch die Hintertür« abgeschafft werden – selbst wenn die Schülerzahlen dort stabil sind oder sogar, wie bei Körper- und Mehrfachbehinderten, steigen. Hier die Sorgenliste des Arbeitskreises Sonderschulen Rhein-Neckar e.V., die zugleich einen Forderungskatalog darstellt:

- Ausgebildete Sonderpädagogen werden für die Inklusion von den Stammschulen (Förderschulen) abgezogen, Ersatz gibt es höchstens durch oberflächlich umgeschulte Grund- und Hauptschullehrer.
- Einzeln inkludierte Kinder in der Regelschule haben zu viele Bezugspersonen, und diese wechseln häufig – insbesondere für Kinder mit komplexen Mehrfachbehinderungen und für »verhaltenskreative« Kinder nicht akzeptabel.
- Gut funktionierende (eher homogene) Außenklassen werden zu Gunsten gemischter Gruppen von Förderkindern aufgelöst – dies wird aber den spezifischen Unterstützungsbedarfen der verschiedenen Behinderungsarten nicht gerecht. Der Hausarzt taugt eben nicht für die Operation

am offenen Herzen! Es kann nicht sein, dass ein Lehrer für Gehörlose den sehbehinderten Schüler in Gebärdensprache unterrichtet.

- Da nirgendwo Vertretungsfragen geregelt sind, können Förderschüler bei Ausfall der Schulbegleitung oft nicht am Unterricht oder an Exkursionen teilnehmen.
- Das sog. »Zwei-Pädagogen-Prinzip« ist nur selten gewährleistet.
- Es werden viel zu wenig Sonderpädagogen ausgebildet.
- Die baulichen und sächlichen Voraussetzungen für gemeinsamen Unterricht müssen *vor* der Einschulung der Kinder geschaffen werden, nicht im Laufe der Zeit: ein barrierefreies Schulgebäude, spezielle Lehr- und Lernmittel, geeignete Räume zur Differenzierung, zum Ausruhen und für eine menschenwürdige Pflege.
- Kein Kind möchte in ein »Sonderpädagogisches Bildungs- und Beratungszentrum mit dem Schwerpunkt motorische und körperliche Entwicklung« gehen. Der Begriff »Schule« muss bleiben – oder soll der Anspruch auf Unterricht aufgegeben werden? Nur wo Schule dran steht, stecken auch Schule und vor allem Schüler drin.

Kinder

Und was sagen eigentlich die direkt Betroffenen, die Schüler selbst? Kinder beurteilen das Pro und Contra von Inklusion auf einer sehr elementaren Ebene, quasi nach ihren momentanen Kernbedürfnissen – und diese heißen soziale Anerkennung und Kompetenzerleben. Bundesweite Aufmerksamkeit erregte Henry mit Down-Syndrom aus dem badischen Walldorf, dessen Mutter ihn mit aller Macht ans Gymnasium bringen wollte – mit der Begründung, er wolle so gerne bei seinen Freunden bleiben. Der Wunsch als solcher ist verständlich – aber ist es nicht auch Teil des Erwachsenwerdens, zu erfahren, dass nicht jedes Begehren unter allen Umständen erfüllbar ist? Stand hier vielleicht doch eher das mütterliche Anliegen im Vordergrund – sei es aus zu kurz greifender Fürsorge, sei es aus einer ideologischen schulpolitischen Fixierung? Weniger bekannt als Henry ist Jens aus einer Förderschule ES in München: Bei einer Festveranstaltung ruft er vehement und empört »Nein!!!«, als er hört, dass sein Lernort demnächst geschlossen werden könnte. Er möchte weiterhin an der Förderschule unterrichtet werden, weil er sich dort aufgehoben, zugehörig, eben inkludiert fühlt.[18] Und hatte nicht Markus, Erstklässler einer Inklusionsklasse, in Beispiel IV geklagt: »Die anderen machen immer was anderes.« Es schmerzte ihn offenbar, dieses alltägliche Erleben eines unüberwindbaren Unterschiedes zwischen sich und den anderen. Selbst wenn es nicht um Unterschiede in Bezug auf mentale Fähigkeiten, sondern um Körperbehinderung geht, äußern Kinder den Wunsch, lieber unter ihresgleichen zu lernen: Die blinden Gymnasiasten, die an einem frühen Schulversuch in Berlin teilgenommen hatten, sind rückblickend skeptisch[19]: Mitschüler wie Lehrer hätten sich rührend um sie bemüht; gleichwohl sei ihnen immer klar gewesen, dass ihre Welt eine andere sei – und dieses Erleben wurde mit wachsendem Alter immer stärker und schmerzlicher. Anscheinend gibt es nicht nur kindliche Bedürfnisse dazuzugehören, sondern auch Wünsche nach Separation – diese sollten wir nicht wegen wohlklingender Prinzipien (oder gar versteckter Ideologie) überhören oder abtun.

INGO SCHILLING-HOLASCHKE, ein hessischer Förderschullehrer, ist über kindliche Spontanäußerungen hinausgegangen. Er hat in seiner Dissertation[20] untersucht, wie die Biografien ehemaliger Sonderschüler von der Kindheit bis ins mittlere Erwachsenenalter verlaufen, welchen Einfluss der Sonderschulbesuch auf ihr Leben genommen hat und wie hoch ihre spätere Lebenszufriedenheit ist. Die ehemaligen Sonderschüler waren durchweg in belastenden Familienverhältnissen aufgewachsen und hatten in der Grundschule viel Unverständnis und Isolation erlebt. Die Überweisung zur Sonderschule bestätigte zwar zunächst ihr Selbstgefühl, dumm zu sein; an der Sonderschule selbst aber fühlten sie sich aus drei Gründen ausgesprochen wohl: sympathische, verständnisvolle und hoch engagierte Lehrer; eine positive Klassengemeinschaft, die individuelle Schwächen akzeptierte; ein praxis- und lebensorientierter Unterricht, der den jeweiligen Lernstand der Schüler berücksichtigte.

Zwei Drittel der Befragten holten bald den Hauptschulabschluss nach, und mehr als der Hälfte gelang der Abschluss einer Ausbildung. Die ausgeübten Tätigkeiten waren meist schlecht bezahlt, in Einzelfällen ergaben sich jedoch auch enorme berufliche Aufstiege. Anscheinend, so der Autor im Resümee, »muss der Sonderschulbesuch keineswegs zwangsläufig zu einer Sackgasse im späteren Lebensverlauf werden: Das Ziel eines ihren Normalvorstellungen eines ›bürgerlichen Lebens‹ entsprechenden Lebens (z. B. eigenfinanzierter Lebensunterhalt, Kauf eigenen Wohnraums, stabile und dauerhafte Partnerschaften) wird von beinahe allen Befragten erreicht. Die Lebenszufriedenheit ist insgesamt äußerst hoch.«

Die augenblickliche Lage

In einer aktuellen Momentaufnahme[21] aus Nordrhein-Westfalen kommt noch einmal das ganze derzeitige Chaos zum Ausdruck: An einer Gesamtschule sind vier Inklusionskinder in der Klasse und kein Sonderpädagoge; an einer Realschule gibt es Ein-Tages-Inklusionsfortbildungen für einige Regellehrer mit dem Auftrag zur sofortigen Kollegiumsschulung; an einer Grundschule verzögert sich die Förderbedarfsfeststellung um Jahre; an einem Gymnasium jongliert man mit der Integration von Lernbehinderten; dazu kommen das Unterlaufen des Elternwahlrechts, Brandbriefe und Hilferufe von Lehrern, das Verfestigen von Entwicklungsstörungen bei den Kindern. Wollte man nicht »kein Kind zurücklassen«?

Schulische Inklusion scheint vielerorts den Möglichkeiten und Bedürfnissen aller Beteiligten krass zuwiderzulaufen. Die Frage bleibt: Handelt es sich lediglich um Kinderkrankheiten einer gut gemeinten Idee, zusätzlich vielleicht um Unterfinanzierung? Das wäre – wenngleich schlimm genug – der harmlosere Fall. Unsere Kinder würden dann nach dem »System Banane« (DOLLASE) beschult – gemäß dem Motto: »Produkt reift beim Kunden«. Leider ist eine ungleich schlimmere Interpretation der Lage nicht auszuschließen: Dass es sich um einen Systemfehler handelt, um konzeptionelle Irrtümer, womöglich um ideologische Irreführung. Dann aber muss die Frage anders gestellt werden: Warum machen »die« das?

II. BLICK HINTER DIE KULISSEN
Von Manipulation bis Moralin

Über Hintergründe und Interessen in der Inklusionsdebatte

Halten wir fest: Grundsätzlich sind alle Bemühungen zu begrüßen, die behinderten Kindern bessere Entwicklungs- und Bildungschancen verschaffen wollen. Die konkrete Umsetzung und Ausgestaltung nimmt in einigen Bundesländern aber einen ungünstigen Verlauf – unprofessionell gestaltet und ideologisch aufgeladen. Erfahrungen aus anderen Ländern werden missachtet und warnende Stimmen aus der Wissenschaft geflissentlich überhört. Warum nur?

Wir werden im Folgenden sehen, dass es bei der Rezeption der UN-Behindertenrechtskonvention gerade in Deutschland zahlreiche Missverständnisse und Fehldeutungen gegeben hat – und dass dies kein Zufall war, sondern ideologische Gründe hatte. So scheint es, als habe der Argwohn gegenüber dem gegliederten Schulsystem hierzulande mit dem Thema Inklusion unverhofft ein neues Ventil gefunden. Insbesondere das Sonderschulwesen als Ganzes ist ja immer wieder ins bildungspolitische Zwielicht gezerrt worden: Sein vorrangiger Zweck sei eigentlich gar nicht, entwicklungsgestörte Kinder spezifisch zu fördern; es solle vielmehr »Verwahranstalten« vorhalten, in die die Gesellschaft behinderte, verhaltensauffällige und erziehungsschwierige Schüler abschieben könne, um das restliche Schulwesen zu entlasten.[22] Nur »eine Schule für alle« könne diesem strukturellen Missstand abhelfen. Zusätzlich werden für den neuerlichen Feldzug gegen Förderschulen gerne auch Schuldgefühle mobilisiert, etwa solche, die auf den verbrecherischen Umgang mit Behinderten in der NS-Zeit zurückgehen.[23]

Es wird sich allerdings zeigen, dass manche Landesregierung mit der Auflösung des Förderschulsystems unter der Hand auch finanzielle Hoffnungen verbindet – nämlich auf enorme Einsparungen im Bildungsbereich. Und noch andere Player hätten allen Grund, beim Thema Inklusion zu frohlocken: Denn neue Schulstrukturen, Lernformen und Unterrichtsmedien könnten der Bildungsindustrie unerwartete Umsätze bescheren.

All' diese Stolpersteine und Sackgassen, Interessen und Irrwege gehören offengelegt. Nur dann lässt sich das, was am Prinzip Inklusion sinnvoll und machbar ist, mit Zustimmung aller Beteiligten realisieren.

2.1 Normatives

Von einer pädagogischen Vision zu den hiesigen Schulgesetzen

Wieso müssen wir uns eigentlich überhaupt mit Inklusion beschäftigen, hat die Schule nicht schon genug ungelöste Probleme? Vor zehn Jahren kannte noch kaum jemand den Begriff Inklusion, nun ist er unversehens zu einem der Leitthemen der Bildungsdebatte geworden. Wie schnell sich doch Revolutionen in Szene setzen lassen ...

Bis ins 19. Jahrhundert war es in Deutschland üblich (in manchen Ländern der Welt ist dies bis heute der Fall), behinderte Kinder einfach zu Hause zu lassen, sie vom Besuch der öffentlichen Schule auszuschließen (Exklusion). Ab 1880 wurden dann erste Hilfsschulen für Lern- und Körperbehinderte gegründet, aber noch weit nach dem Zweiten Weltkrieg gab es keine flächendeckende sonderpädagogische Versorgung. Erst 1960 befürwortete die Kultusministerkonferenz den massiven Ausbau von Sonderschulen, als Rehabilitations- und Integrationshilfe, aber auch zur Entlastung der Regelschulen (Separation). Bis 1973 verdoppelte sich die Zahl der Sonderschulen, die Zahl der sie besuchenden Schüler verdreifachte sich beinahe, die Zahl der an Sonderschulen Unterrichtenden stieg auf das Vierfache. Parallel zum Ausbau der Sonderschulen wurde schon 1976 an der Fläming-Grundschule in Berlin erstmals gemeinsames Lernen von Behinderten und Nichtbehinderten erprobt, in einer damals sogenannten *Integration*sklasse. 1990 urteilte eine frühe Befürworterin dieses Prinzips, allerdings ohne jede wissenschaftliche Untermauerung, darüber so: »Der originelle Beitrag der Integrationsprojekte in der Geschichte der Pädagogik ist, dass sie bewiesen haben, dass es möglich ist, alle SchülerInnen in der ganzen Bandbreite menschlicher Vielfalt von den Schwerstbehinderten bis hin zu den Hochbegabten gemeinsam zu unterrichten.«[24] Ja, möglich ist im Bildungsbereich vieles, das zeigen Zwergschulen wie Massenuniversitäten – aber was ist sinnvoll, unter welchen Bedingungen geschah besagte Integration, und zu welchem Ergebnis führte sie?

Inklusion darf man nun nicht mit Integration verwechseln. Integration leugnet nämlich nicht, dass es Unterschiede gibt zwischen bestimmten Graden der Entwicklungsbehinderung und einem Spektrum normalen Lernverhaltens. Sie will aber die Ausgrenzung reduzieren, strebt ein größeres Miteinander an, etwa durch räumliche Nachbarschaft oder einzelne gemeinsame Unterrichtsstunden – eventuell mit Aufgaben auf unterschiedlichem Niveau (Leistungsdifferenzierung). Inklusive Pädagogik dagegen zielt auf eine Art Bildungsrevolution: Fast alle Schüler sollen fast immer zusammen lernen müssen – die ganze Bandbreite der Heterogenität wird also in die Schablone der Simultaneität gepresst. Der Kultusminister von Mecklenburg-Vorpommern, MATTHIAS BRODKORB, sprach deshalb auch von »Kommunismus für die Schule«. Schule ist ja ein Ort des Übergangs, von der Familie in die Gesellschaft, aus einer Sphäre unbedingter Zuneigung in eine Zone eher leistungsbezogener Anerkennung. In diesem »Spannungsfeld von Liebe und Leistung« darf und muss Schule also zunehmend Unterschiede anerkennen und deutlich machen. Die Befürworter der Inklusion indes beharren darauf, den Zustand uneingeschränkter Zugehörigkeit und Wertschätzung möglichst lange unangetastet zu lassen. Und deshalb sollen Kinder, so verschieden sie auch sein mögen, nicht gemäß ihrer Leistungsfähigkeit unterschiedlich unterrichtet, sondern gemeinsam beschult werden, gleich ob hochbegabt oder lernbehindert.

Globalisierung auch im Schulischen – die Ebene der UN

Interessant ist, welche Form die Frage des Schulbesuchs von Behinderten auf globaler Ebene angenommen hat. Schon 1994 betonte die UN in ihrer Salamanca-Erklärung als Leitprinzip, »dass Schulen *alle* Kinder, unabhängig von ihren physischen, intellektuellen, sozialen, emotionalen, sprachlichen oder anderen Fähigkeiten *aufnehmen* sollen (Hervorhebung d.V.). Das soll behinderte und begabte Kinder einschließen, Kinder von entlegenen oder nomadischen Völkern, von sprachlichen, kulturellen oder ethnischen Minoritäten sowie Kinder von anders benachteiligten Randgruppen oder -gebieten.« Eine Positionierung gegen Exklusion, die sich auch in Artikel 3 des Deutschen Grundgesetzes niedergeschlagen hat: »Niemand darf wegen seiner Behinderung benachteiligt werden.«

2008 wurde es dann konkreter: Damals trat eine Konvention der UN über die Rechte von Menschen mit Behinderungen (BRK) in Kraft, worin sich die Unterzeichnerstaaten verpflichteten, ein *inclusive education system* zu errichten. War dies ein Votum für Inklusion im oben beschriebenen Sinne, gar für die Abschaffung von Förderschulen? Keineswegs, wie ein Blick in die (der deutschen Ratifizierung zugrunde liegende) offizielle Übersetzung der BRK zeigt (lt. Bundesgesetzblatt vom 31.12.2008): Demnach sollen die Vertragsstaaten sicherstellen, dass Kinder mit Behinderungen »gleichberechtigt mit anderen in der Gemeinschaft, in der sie leben, Zugang zu einem *integrativen*, hochwertigen und unentgeltlichen Unterricht an Grundschulen und weiterführenden Schulen haben« und dass ihnen dabei »die notwendige Unterstützung geleistet wird, um ihre erfolgreiche Bildung zu erleichtern« (Artikel 24, Abs. 2 »Bildung«). Nach Artikel 7 (»Kinder mit Behinderungen«) ist bei »allen Maßnahmen, die Kinder mit Behinderungen betreffen, das Wohl des Kindes ein Gesichtspunkt, der vorrangig zu berücksichtigen ist« (Abs. 2). Im konkreten Fall kann also die Zuweisung eines Kindes zu einer (insbesondere wohnortnahen) Förderschule sogar geboten sein. Überhaupt verweist die BRK auch darauf, dass »besondere Maßnahmen, die zur Beschleunigung oder Herbeiführung der tatsächlichen Gleichberechtigung von Menschen mit Behinderungen erforderlich sind, nicht als Diskriminierung im Sinne dieses Übereinkommens gelten« (Artikel 5 »Gleichberechtigung und Nichtdiskriminierung«, Abs. 4). Die hiesigen Förderschulen sind aber genau der Teil unseres allgemeinbildenden Schulsystems, der gesellschaftliche Teilhabe durch spezifische Unterstützung herbeiführen soll – und solche besonderen Maßnahmen wertet die Konvention eben gerade nicht als Diskriminierung. *[vgl. Anhang Dokument B]*

Zu später Stunde – der Krimi im Bundestag

Warum aber gilt es dann so vielen als ausgemacht, die UN-BRK verpflichte Deutschland zur vollständigen Abschaffung des Förderschulsystems? Dafür gibt es eigentlich nur zwei Erklärungen: Entweder ist der Wunsch der Vater des Gedankens – oder man schleust ein Gesetz durch den Bundestag, das dies suggeriert, und anschließend schreibt's einer vom anderen ab und schaut nicht mehr in den Dokumenten nach. Am 4.12.2008 vertrauten die Abgeordneten des Deutschen Bundestages den beiden Behindertenbeauftragten, Karin Evers-Meyer (SPD) und Hubert Hüppe (CDU), nämlich so hundertprozentig, dass sie zu nächtlicher Stunde kurzen Prozess machten und das »Gesetz zu dem Übereinkommen der Vereinten Nationen über die Rechte von Menschen mit Behinderungen vom 13. Dezember 2006« ohne jede Aussprache einstimmig verabschiedeten. Man hatte bereits den ganzen Tag debattiert, es war schon nach 22 Uhr, nicht mal mehr 50 Abgeordnete waren überhaupt noch anwesend – eine »peinliche Platzierung ...

zu mitternächtlicher Stunde«, wie eine Abgeordnete bemerkte.

Während der Abgeordnete Hüppe (CDU) später zugab, selbst auch gewisse Probleme mit den Texten gehabt zu haben, war den anderen zu Protokoll gegebenen Redebeiträgen schlicht und einfach an einem »Ende jeglicher Sondersysteme und Sonderbehandlungen« (Silvia Schmidt, SPD) gelegen; Vorbehalte der Bundesregierung und der Kultusministerkonferenz, es müssten »die notwendigen sonderpädagogischen und auch sächlichen sowie räumlichen Voraussetzungen gewährleistet« sein, wurden als »kleinlich«, »inadäquat« und »wirklichkeitsfremd« abgetan. Die Verabsolutierung des Inklusionsprinzips durch den Bundestag wurde dadurch möglich, dass der englische Terminus »general education system« fälschlicherweise mit dem deutschen Begriff der »allgemeinen Schulen« (im Unterschied zu den Förderschulen) gleichgesetzt wurde. »General education system« entspricht aber eindeutig dem, was wir als »allgemeinbildendes Schulsystem« (im Unterschied zu berufsbildenden Schulen) verstehen, und zu diesem gehören nach deutschem Verständnis eindeutig auch die Förderschulen. Insofern könnte man das deutsche Bildungssystem formal als bereits »inklusives« ansehen.

Diese Einzelheiten der parlamentarischen Debatte wurden erst Jahre später bekannt, durch einen Beitrag des »Stern« vom 28.5.2014. Evers-Meyer hatte 2008 als Behindertenbeauftragte der Bundesregierung in New York die UN-Konvention für Deutschland paraphiert. Sie berichtete im Rückblick, dass deren Inhalt »damals niemand zur Kenntnis genommen« habe, und fügte noch hinzu: »Aber ich wusste genau, was für eine

Bombe ich mit nach Hause brachte.« Der »Stern«-Artikel befand denn auch, Evers-Meyer und Hüppe, beide Eltern behinderter Kinder, »haben Deutschland radikaler verändert als die meisten Minister«. Die Folgen erleben wir heute hautnah – besagte Bombe geht landauf, landab hoch.

Bayern ist nicht Bremen –
Bildung als Länderspektakel

Wegen der Länderhoheit in Bildungsfragen war das vom Bundestag beschlossene Vertragsgesetz zunächst allerdings nur ein stumpfes Schwert, die BRK ließ sich nicht direkt in den Schulen anwenden, erst recht bestand für Eltern kein sofortiger und unbedingter Rechtsanspruch auf gemeinsamen bzw. inklusiven Unterricht. Im Juristendeutsch (Hessischer VGH 2009, auch Schulverwaltung NW 9/2010): »Das Vertragsgesetz (...) hat für den Bereich des öffentlichen Schulwesens keine Umsetzung der Bestimmungen in Art. 24 BRK in innerstaatliches Recht bewirkt, weil dem Bund insoweit die an die Gesetzgebungszuständigkeit anknüpfende Transformationskompetenz fehlt.(...) Die Bestimmungen in Art. 24 BRK erfüllen nicht die Voraussetzungen für eine unmittelbare Anwendbarkeit, da es ihnen an der hierfür erforderlichen Bestimmtheit fehlt. Es handelt sich in weiten Teilen um Programmsätze, wobei die Art und Weise sowie die Geschwindigkeit der Realisierung den Vertragsstaaten überlassen bleiben.« Das weltweite Übereinkommen musste eben erst einmal auf Länderebene ankommen – was es auch tat, allerdings in unterschiedlichem Tempo und in sechzehnfacher Ausprägung – mit nicht unerheblichen Unterschieden.

Sehen wir uns einige Bundesländer einmal genauer an. In *Bayern* etwa gelten Förderschule wie Regelschule als gleichermaßen geeignete, aber verschiedenartige Förder- und Lernorte für Kinder und Jugendliche mit sonderpädagogischem Förderbedarf. Man hält dort überzeugt daran fest, dass die Förderschule ein Lernort mit besonders hoher Diagnose-Kompetenz, qualifizierten Förderangeboten und professionell individualisiertem Unterricht ist. In jedem Kreis bietet der Freistaat alle Varianten der Förderschule an, teilweise gebündelt an Sonderpädagogischen Förderzentren – so bleibt das elterliche Wahlrecht gesichert.

Wünschen Eltern für ihr behindertes Kind aber inklusive Beschulung, so gibt es verschiedene Möglichkeiten: entweder Teilnahme am Regelunterricht, allerdings nur mit gelegentlicher Unterstützung durch Sonderpädagogen (was je nach Integrationsbedarf nicht immer ausreicht); oder Besuch einer Inklusionsklasse mit festem Tandem Regellehrer/Sonderpädagoge (an Schulen mit dem Profil »Inklusion«); schließlich auch Lernen in einer sonderpädagogischen »Partnerklasse« an der Regelschule, dabei stundenweise gemeinsamer Unterricht mit den Schülern einer Regelklasse. Hat die inklusive Beschulung keinen Erfolg, kann das Kind jederzeit zur Förderschule (zurück)wechseln. Eltern können aber auch beantragen, dass ihr Kind in der Regelschule zieldifferent unterrichtet wird, dann erhält es einen individuellen Förderplan (mit leichteren Aufgaben) und keine Noten im Zeugnis. Bayern setzt außerdem noch auf spezielle »Förderlehrer«. Sie haben kein volles Lehramtsstudium, sondern unterstützen die Förderung kleiner Gruppen bei Legasthenie oder Dyskalkulie, im inklusiven Unterricht oder zur Sprachförderung von Flüchtlingskindern.

Was an der in Bayern erfolgten Art der Umsetzung als höchst sinnvoll erscheint, ist, dass für alle Maßnahmen im Zusammenhang mit Inklusion stets das Primat des Wohles der Beteiligten gilt. Im Ergebnis heißt das: Weder für Förderkinder noch für Regelkinder dürfen inklusionsbezogene Entscheidungen zu unangemessenen Belastungen führen. Ebenso vernünftig ist bei dieser Art der Umsetzung: Beim Übergang von der Grundschule, bei Klassenversetzungen oder Abschlussprüfungen wird nicht mit zweierlei Maß gemessen: Abgesehen von spezifischen Nachteilsausgleichen (etwa verlängerte Bearbeitungszeiten, besondere Hilfsmittel) gelten für Schüler mit Förderbedarf gleiche Aufnahme- und Versetzungsbestimmungen wie für Regelschüler.

Sachsen hingegen, ebenfalls ein bundesdeutscher Spitzenreiter in Sachen Schulleistung, hat einen riskanteren Weg gewählt – riskant für das Entwicklungswohl von Kindern wie auch die Schaffenskraft der Lehrer. In Sachsen nämlich können die besonders »verhaltensoriginellen« ES-Förderschüler, früher wurden diese Schüler als verhaltensauffällig oder verhaltensgestört bezeichnet, bereits seit Jahren auch Regelschulen besuchen. Doch sonderpädagogische Unterstützung ist dabei nur in Ausnahmefällen vorgesehen. Und ab 2017 müssen die Lehrer der weiterführenden Oberschulen auch LE- oder GE-Schüler unterrichten, und zwar sogar lernzieldifferent – der schöne Begriff verschweigt, dass dies langfristig nur bei ständiger Doppelbesetzung funktioniert. Landesweite Proteste müssten die Folge sein – aber als Lehrer in Sachsen zu unterrichten, das heißt bislang auch, nicht verbeamtet zu sein. Man darf zwar streiken, wenn die Gewerkschaft dazu aufruft, kann sich aber als Einzelner kaum gegen untragbare Unterrichtsbedingungen wehren. So drohen Sachsen vor allem vorzeitige Pensionierungsanträge – sowie Fluchtversuche seiner Lehrer in andere Bundesländer.

Einziger Lichtblick: Die Türen der Gymnasien bleiben den LE- und GE-Schülern verschlossen – vollkommen surreale Zustände sind also vorerst nicht zu erwarten. Und auch die Oberschulen brauchen diese Förderschüler laut neuem Schulgesetz nur dann aufzunehmen, wenn die räumlichen, sächlichen und personellen Rahmenbedingungen vor Ort darauf abgestimmt sind. Man wird sehen, wie die Schulaufsicht diesen Passus im Schulalltag auslegen wird. Immerhin schafft Sachsen auch neue Möglichkeiten individueller Förderung am anderen Ende der Leistungsskala – für leistungsstarke Schüler.

In *Nordrhein-Westfalen* dagegen wurde in Sachen Inklusion ein vollkommen radikaler Weg beschritten. Dieses Bundesland zählt ja schon seit Jahrzehnten zum Vorreiter bei Schulreformen – und gehört andererseits bekanntlich zu den PISA-Schlusslichtern. Mit dem 9. Schulrechtsänderungsgesetz wurde hier 2013 das Gemeinsame Lernen kurzerhand zum Regelfall erklärt. Der Besuch einer Förderschule soll nur noch in Ausnahmefällen möglich sein – selbst wenn an Regelschulen die sächlichen und personellen Voraussetzungen für inklusiven Unterricht (noch) gar nicht gegeben sind. Sonderpädagogische Unterstützung darf hier grundsätzlich nur noch von Elternseite beantragt werden, nicht mehr durch die Lehrer (höchstens wenn Selbst- oder Fremdgefährdung durch den Schüler vorliegt, dann durch die Schulleitung, im Fall LE aber erst ab 3. Schuljahr, und auch nicht mehr nach dem 6. Schuljahr). Falls dann doch sonderpädagogischer Förderbedarf für ein Kind amtlich festgestellt sein sollte und das Kind nicht weiter an einer Regelschule unterrichtet werden kann, haben Eltern zwar einen Rechtsanspruch auf eine Schule mit »Gemeinsamem Lernen« – allerdings nicht unbedingt auf eine bestimmte Schule oder Schulform. Ein Kind mit Lernbeeinträchtigungen oder schweren Verhaltensstörungen könnte also durchaus an einer Realschule oder einem Gymnasium landen, die sich der Inklusion verschrieben haben.

Laut Gesetz könnten Eltern sich zwar auch für eine Förderschule entscheiden, aber nur, »wenn ein entsprechendes Angebot vorhanden ist«. Doch vielleicht gibt es in Wohnortnähe inzwischen gar keine LE-Schule mehr. Denn was wie ein übler Trick jenseits der Hochglanzprospekte zur Inklusion anmutet, ist mittlerweile Realität geworden: Durch eine de facto-Verdopplung der Mindestschülerzahl ist es der Schulministerin gelungen, möglichst viele Förderschulen schließen zu können oder den Zugang zu ihnen zu erschweren – zumindest im LE-Bereich. Und Förderschulen dürfen sogar geschlossen werden, obwohl sie die Mindestschülerzahl erreichen: Da es nämlich an Sonderpädagogen mangelt, werden diese in Schwerpunktschulen gebündelt, die mehrere Förderbereiche repräsentieren. Zudem *muss* in inklusiven Klassen die Klassengröße keineswegs abgesenkt werden, sie *kann* – und wenn, dann nur leicht. Und an allgemeinen Berufskollegs ist die sonderpädagogische Förderung im Bereich ES bereits ganz eingestellt worden.

Das heißt konkret: Wollen die Eltern die großen Lernschwierigkeiten ihres Kindes nicht wahrhaben, oder scheuen sie (etwa aus Imagegründen) dessen Überweisung zu einer Förderschule, muss dieses Kind zunächst mindestens zwei Jahre lang in großer Klasse ausharren, nur punktuell und oft laienhaft unterstützt, immer den wachsenden Abstand zu seinen Mitschülern vor Augen. Was bleibt ihm da anderes als zunehmende Apathie oder allmähliche Revolte? Oder: Ein Kind mit anerkannter Lernbehinderung (»festgestellter Förderbedarf Lernen«) könnte auch an einem inklusiv arbeitenden Gymnasium landen – wenn andere Schulen im Einzugsbereich noch kein Gemeinsames Lernen eingerichtet haben.

Schöne neue Inklusionswelt zwischen Rhein und Weser – ihre Unausgegorenheiten und Widersprüchlichkeiten werden gelegentlich sogar im Amtsorgan »Schulverwaltung NRW«[25] benannt. Dort wird etwa das »Prinzip Gießkanne« beschrieben: Verhaltensauffällige Schüler (ES) verteilt man möglichst flächendeckend, um die Problemquote an den Regelschulen möglichst gering zu halten. Im Gegenzug erhält der einzelne Problemschüler aber jetzt kaum sonderpädagogische Betreuung, denn Doppelbesetzung gibt es nur wenige Stunden pro Woche, die Regellehrer sind entsprechend chronisch überfordert. Eine weitere Unausgegorenheit und Widersprüchlichkeit ist die »Neue Bildungsungerechtigkeit«: An einem inklusiven Gymnasium legt man einem Regelschüler nach der sechsten Klasse den Schulwechsel nahe, weil seine Leistungen für das gymnasiale Niveau nicht ausreichen; ein Klassenkamerad mit geistiger Behinderung (GE) aber wird belobigt (und kann in der Lerngruppe verbleiben), weil er nun im Zahlenraum bis 20 sicher rechnen kann.

PAUL TRESSELT macht in seiner »Internetberatung für den Lehreralltag« keinen Hehl daraus, wohin diese Entwicklung führt: »Bereits jetzt zeigt sich, dass die Inklusion in den Schulen unterfinanziert ist und damit große Schäden in der Bildung der behinderten Kinder als auch der Schülerinnen und Schüler vorauszusehen sind, die mit ihnen im gemeinsamen Unterricht unterrichtet werden. Viele Förderschulen werden geschlossen werden und die gut gemeinte Integration der Förderschulkinder in die allgemeinen Schulen wird aufgrund der Sparmaßnahmen schlimme Folgen haben. (…) Es wird zu einer Abwertung der Sekundarschule kommen, die das nämlich ohne zusätzliche Ressourcen gar nicht leisten kann. Auch die Gesamtschulen wird es noch treffen. Schade eigentlich, dass Politiker nicht in der Lage sind, auf Fachleute zu hören und die an sich gut gemeinte Inklusion durch unzureichende Investitionen kaputt machen.«

Als eklatanteste politische Fehlentscheidungen nennt der langgediente Lehrer und erfahrene Personalrat,

- dass Förderschüler im neuen Gesetz nicht doppelt zählten, sondern nur einfach. So würden *alle* Klassen pauschal verkleinert statt nur die inklusiv geführten.
- dass sich die Unterrichtsqualität für Förderschüler drastisch verschlechtere: Während Förderschüler »bisher in Klassengrößen mit zehn bis 15 Schülern[26] von speziell ausgebildeten Fachkräften unterrichtet wurden, erhalten diese ihre Ausbildung und Erziehung jetzt in viel größeren Klassen

> von Lehrkräften ohne Spezialausbildung. Höchstens ein Drittel der Unterrichtsstunden wird mit zwei Lehrkräften gleichzeitig abgedeckt sein.«
> - dass Schulen nun nicht mehr die Möglichkeit hätten, von sich aus Förderbedarf für behinderte Kinder zu beantragen, dass nur noch den Eltern das Recht dazu zustände. Gerade die Eltern von ES-Kindern würden diese aber wohl »dort anmelden, wo sie das größte Förderpotenzial vermuten: in den Gesamtschulen und Sekundarschulen. Die Folge wird sein, dass sich dort die Kinder mit diesem Handikap häufen und die Unterrichtsqualität für sämtliche Schülerinnen und Schüler sinkt, weil die Lehrkräfte nicht genügend Zeit und Mittel haben, diese Defizite aufzuarbeiten.«

Auch im Landtag in Düsseldorf warnen die kleinen Oppositionsparteien – aber mangels Stimmgewicht vergeblich. Bei der FDP ist insbesondere die schulpolitische Sprecherin Yvonne Gebauer hochaktiv und sehr sachkundig. Bereits 2015 weist sie darauf hin, dass »an vielen erfolgreich arbeitenden Schulen die Rahmenbedingungen verschlechtert wurden. Durch das rot-grüne Vorgehen gegen die Förderschulen hat eine Schließungswelle begonnen, die mittelfristig dazu führt, dass für Eltern von Kindern mit Handicaps die Wahlmöglichkeit zwischen allgemeiner Schule und spezialisiertem Förderschulangebot aufgrund der Entfernungen oftmals leer laufen wird.« (Drucksache 16/9787). Und 2016 beklagt die Partei »die von Rot-Grün zweifellos gewünschte Schließung einer Vielzahl von Sprachförderschulen« sowie die rapide Verschlechterung der Lern- und Arbeitsbedingungen dort – durch die neue »Einheitsrelation« im Lehrer-Schüler-Schlüssel sei »teilweise ein Drittel ihrer Lehrkräfte verloren« gegangen. (Drucksache 16/12110)

Auch die Piraten legten bereits 2015 den Finger in zahlreiche Wunden: »Viele Sonderpädagogen müssten zwischen mehreren Schulen hin und her pendeln. (...) Da sei die Zeit manchmal zu knapp, um den Unterricht gemeinsam mit dem jeweiligen Lehrer vorzubereiten und durchzuführen. Der Sonderpädagoge bleibe dann an der Schule ein Fremdkörper.« Zudem würden »an einigen Schulen (erneut exkludierende, d.V.) Förderklassen eingerichtet, um den allgemeinen Schulbetrieb (überhaupt, d.V.) aufrechterhalten zu können – Maßnahmen, welche das Schulrecht nicht vorsieht.« Und sie zitieren den Landrat des Kreises Kleve mit der Warnung: »Alle (Kommunen, d.V.) haben grundsätzliche Bedenken hinsichtlich der generellen politischen Ausrichtung des Inklusionsprozesses. Zumal das abenteuerliche Tempo des Umwälzungsprozesses der Sache nicht dienlich ist.« (Drucksache 16/10058) Ein halbes Jahr später listet die Partei weitere Missstände auf: »Die Zahl der Schülerinnen und Schüler, die von Schulen des Gemeinsamen Lernens zurück zur Förderschule wechseln, steigt. Die Unzufriedenheit bei Schülerinnen und Schülern, Eltern und Lehrkräften aller Schulformen nimmt weiter zu. Gerade Lehrkräfte, die als Wegbereiter des Gemeinsamen Lernens früh in integrativen Beschulungsmodellen gearbeitet haben, sind massiv enttäuscht von den aktuellen Entwicklungen, da es spürbare Verschlechterungen der Bedingungen vor Ort gibt. Teilweise ersuchen sie um einen Wechsel an Förderschulen.« (Drucksache 16/12108)

Und wie verhält sich die CDU? Die derzeit größte Oppositionspartei in Nordrhein-Westfalen wirkte lange eigentümlich still, ja beinahe gelähmt – keine Kleine Anfrage im Landtag, kein die Regierung demaskierender Antrag. Womöglich hat sie sich allzu sehr an den sogenannten Schulkonsens gebunden gefühlt, dieses 2011 von Rot-Grün raffiniert eingefädelte, heute für Schulministerin Löhrmann so nützliche Stillhalteabkommen. Alle Parteien des damaligen Landtags verzichteten damals für zwölf Jahre darauf, ohne Einvernehmen mit den anderen die Schulstruktur zu verändern. Die Aufgabe des rot-grünen Lieblingsprojektes Gemeinschaftsschule, das ohnehin auf riesigen Widerstand in der Bevölkerung gestoßen wäre, hatte die CDU damals mit der Aufhebung der »Hauptschulgarantie« in der Landesverfassung bezahlt – und sich gleichwohl die umstrittene Sekundarschule eingehandelt. Zum Schulkonsens gehörte auch der Passus: »Der Prozess zur inklusiven Schule (...) wird fortgesetzt. (...) Das Schulangebot in Nordrhein-Westfalen soll zukünftig bestehen aus (...) sowie Förderschulen, soweit sie trotz Inklusion erforderlich sind.« Man darf sich also schon fragen, warum die CDU die katastrophale Inklusionspraxis im Land nicht vehementer und häufiger parlamentarisch attackiert und desavouiert hat. Zumal die Partei ein Positionspapier verabschiedet hatte, das dem bisherigen Förderschulsystem bescheinigt, behinderten Kindern »besondere Wertschätzung« entgegenzubringen, und das beteuert, Anspruch und Professionalität dieses Systems »sollen nicht mehr unterschritten werden«.

Zweifelhaftes Regierungshandeln, schwächelnde Opposition. Und was sagen »die Berater«[27], dieser neue unheimliche Mix aus Expertentum und Lobbyismus? Kürzlich etwa beklagten zwei Autorinnen der Bertelsmann-Stiftung ungeniert, dass die meisten Landesschulgesetze die Vorrangigkeit des Gemeinsamen Lernens unter Ressourcenvorbehalt stellen und durch das elterliche Mitspracherecht einschränken würden. Handelt es sich dabei um Blauäugigkeit, Dilettantismus oder Ideologie – und sei es nur aus Konformismus mit dem Mainstream? Jedenfalls ist es ein geradezu schamloses Plädoyer dafür, Kinder mit Entwicklungsstörungen auch dann inklusiv zu beschulen, wenn die dafür nötigen sächlichen und personellen Mittel gar nicht vorhanden sind, oder wenn die Eltern dies nicht möchten, weil sie ihr Kind an einer Förderschule besser unterstützt sehen. Oder nehmen wir Michael Wrase, Jurist und vormaliger »fellow« der Mercator-Stiftung: Mittels einer verkürzten Darlegung der UN-Behindertenrechtskonvention versucht er immer wieder[28] zu suggerieren, dass eine radikal inklusive Schule rechtlich unbedingt geboten sei, dass es dazu keine vertretbare Alternative gebe.

Sollte es sich bei diesen Forderungen wirklich nur um ein Missverständnis der UN-Konvention handeln? Zur Erinnerung: Die Vertragsstaaten sollten sicherstellen, dass Kinder mit Behinderungen »gleichberechtigt mit anderen in der Gemeinschaft, in der sie leben, Zugang zu einem *integrativen*, hochwertigen und unentgeltlichen Unterricht an Grundschulen und weiterführenden Schulen haben«, und dass ihnen dabei »die notwendige Unterstützung geleistet wird, um ihre erfolgreiche Bildung zu erleichtern«. (Artikel 24, Abs. 2 »Bildung«) – nicht mehr und nicht weniger. Dabei sei »das Wohl des Kindes vorrangig zu berücksichtigen«

und »besondere Maßnahmen, die zur Beschleunigung oder Herbeiführung der tatsächlichen Gleichberechtigung von Menschen mit Behinderungen erforderlich sind, gelten nicht als Diskriminierung«.

2.2 Internationales

Andere Länder werfen auch nicht alles in einen Topf

Nun verweisen die Befürworter der Inklusionsschule gerne darauf, dass Deutschland mit seinem bisherigen System separater Förderschulen im internationalen Vergleich allein dastehe, quasi einen nationalen Sonderweg beschreite. Bei genauerem Hinsehen zeigt sich indes eine äußerst gemischte Sachlage: Zum einen gestalten andere Länder ihren Umgang mit Förderschülern höchst unterschiedlich, zum anderen werden mancherorts die inklusiven Schulversuche bereits wieder zurückgefahren.

Südtirol

Gehen wir zunächst nach Südtirol, diese auch deutschsprachige Region im Norden Italiens, von der die euphorische Rede geht, die Inklusion würde dort tadellos funktionieren. Vielen ist der ZEIT-Artikel vom 31.5.2012 bekannt, in dem Martin Spiewak unter dem Titel »Gemeinsam anders« von den Zuständen im malerischen Bergdorf Deutschnofen schwärmt. In der dortigen Mittelschule »begleiten« zwei Pädagogen 18 Sechstklässler, darunter auch Aaron, ein geistig behindertes Kind. Aaron kann zwar vielen Unterrichtsschritten der Klasse nicht folgen und verbringt manche Zeit in einem »Rückzugsraum«; im Rahmen des »zieldifferenten Unterrichts« bekommt er auch kein Zeugnis, sondern eine vergleichsneutrale Kompetenzbeschreibung. Dass seine »Integrationspädagogin« keine Lehrerin, schon gar keine sonderpädagogische Fachkraft ist, sondern nur studierte Sozialpädagogin, stört weder die Schule noch sie selbst: Sie lerne einfach »von Fall zu Fall« und lasse sich von »Gefühl und Gutdünken« leiten. Die Mutter des behinderten Jungen zeigt sich erfreut über eine Reihe von Fortschritten ihres Sohnes – er habe gelernt, »in einer Reihe stehen« zu können und zu »warten, bis die Lehrerin ihn drannimmt«. Ihr sei die soziale Integration ihres Kindes wichtiger, als dass er in einer Spezialschule »ein paar Buchstaben mehr lerne«.

Offiziell scheint in Südtirol alles gut geregelt: Im Falle kindlicher »Störungsbilder« erstellen nicht die Lehrer, sondern Fachkräfte der Sanitätseinheit beim Gesundheitsamt zunächst »Funktionsbeschreibungen« oder »Funktionsdiagnosen«. Sodann werden individuelle Erziehungspläne formuliert, die Schule kann auch Integrationslehrer, -mitarbeiter oder Sozialpädagogen beantragen, bei Bedarf werden Räumlichkeiten und Hilfsmittel zugewiesen.[29]

Dino Capovilla[30], hochgradig sehbehindert, heute Lehrstuhlinhaber am Institut für Rehabilitationswissenschaften der HU Berlin, sieht die tatsächliche Lage in Südtirol in scharfem Kontrast dazu. Er hat das oberitalienische System der schulischen Inklusion am eigenen Leib erlebt, 13 Jahre als Schüler und 6 Jahre als Lehrer. Er hält den Bericht für Schönfärberei – besagter Aaron müsse nämlich auf eine seiner Behinderung angemessene schulische Förderung verzichten. Inklusion – vor 40 Jahren eingeführt, vorwiegend aus Kosten- und Organisationsgründen, keineswegs aus Behindertenfreundlichkeit – sei ein mächtiges »Trial-and-Error-

System«, vielfach nicht mehr als eine altersgerechte Aufbewahrung. Die Bildung Behinderter sei damit nicht nur billiger geworden, sie wurde so auch der wissenschaftlichen Diskussion entzogen. Denn das italienische Inklusionssystem unterscheide nicht mehr zwischen Menschen, die man früher aufgrund ihrer Behinderung trotz kognitiver Eignung vom Schulbesuch ausgeschlossen habe (z.B. Autisten), und jenen, die aus prinzipiellen Gründen gewisse Lernniveaus nicht bewältigen könnten (z.B. Schüler mit Down-Syndrom).

Ein blinder Schüler etwa würde u. a. die Brailleschrift zum Schreiben und Lesen benötigen, spezielle Konzepte im Umgang mit dem Computer, die auf einem Arbeiten ohne Maus basieren, und spezielle Kenntnisse in Textsetzungssystemen (z. B. Latex für mathematische und chemische Formeln) oder die Braillesche Notenschrift für den Musikunterricht. Ohne diese Techniken sei der blinde Schüler überhaupt nicht in der Lage, am Unterricht teilzunehmen. Wer aber soll ihm diese Techniken beibringen? Der Integrationslehrer? Dieser durchlaufe ein kurzes Aufbaustudium, in dem alle Behinderungsarten theoretisch abgehandelt würden, um zumindest – hoffentlich – etwaige Diagnosen zu verstehen. Im ungünstigsten Fall komme er erst durch den behinderten Schüler selbst in Kontakt mit bestimmten Hilfsmitteln und Arbeitstechniken. Auch die Regellehrer seien nicht zu beneiden. In ihrer relativen Inkompetenz beurteilten sie schulische Leistungen tendenziell sehr großzügig, was zu Schulabschlüssen führe, die dem tatsächlichen Leistungsniveau nicht entsprechen. Die neue »Kompetenzbescheinigung« sei ebenfalls nur eine Scheinlösung – denn die meisten Pädagogen könnten mangels sonderpädagogischer Expertise noch nicht einmal ansatzweise beurteilen, was ein Schüler unter optimaler Förderung zu leisten imstande sei.

Sowohl die großzügige Notenvergabe als auch die Herausnahme aus dem regulären Bewertungssystem führten dazu, dass behinderte Menschen in Italien kaum eine Chance auf Anstellung hätten. Die Kompetenzbescheinigung sei auf dem Arbeitsmarkt ihr Papier nicht wert. Ohne Arbeitsplatz und Schulbildung aber gebe es kein selbstbestimmtes Leben. Von etwa 1.100 hochgradig sehbehinderten und blinden Personen in Südtirol seien nur etwa 90 berufstätig – und von diesen könne gerade mal eine Hand voll davon autonom leben. Der überwiegende Teil sei auf geschützten Arbeitsplätzen oder in einer Behinderteneinrichtung untergebracht.

Als weitere Schattenseite des italienischen Schulsystems schildert Capovilla die Tendenz, den Schülern immer neue Diagnosen zu attestieren (ADHS, Dyskalkulie, Legasthenie, Lernschwäche, etc.) – auf diese Weise bekäme die Schule nämlich zusätzliche Lehrkräfte zugeteilt. Doch dadurch werde auch die Zahl der als behindert geltenden Schüler künstlich erhöht. Dabei könnte im Regelunterricht auf die genannten Probleme kaum adäquat eingegangen werden. Im Übrigen schiebe mancher Lehrer damit auch die Verantwortung für etwaige Leistungsrückstände ab. Das Fehlen eines geordneten Verfahrens zur Feststellung von sonderpädagogischem Förderbedarf durch Fachkräfte sei also kein Gewinn, sondern führe zu sehr unerfreulichen Nebenwirkungen, nicht nur für die Kinder, sondern auch für das Schulsystem selbst.

Wenn man sich etwa Wolfgang Schäuble als körperbehindertes Kind vorstelle, dann würde der es in Südtirol wohl geschafft haben – er hätte den Regelstoff ohne größere Hilfe mit herkömmlichen Mitteln bewältigt. Vermutlich hätte es eine lange Warteliste von Integrationslehrern gegeben, die zu ihm hätten wechseln wollen, weil lediglich ein paar Pflegetätigkeiten angefallen wären. Die spätere Schriftstellerin Helen Keller hingegen wäre hier gescheitert. Sie hätte in der Schule weder Lorm-Alphabet noch Brailleschrift lernen können – und wäre nur mit einer Kompetenzbescheinigung entlassen worden. In Wirklichkeit hatte sie (1887 in den USA) das Glück, eine Hauslehrerin mit spezieller Blindenschulung zu finden. Im Italien des 21. Jahrhunderts sei dies aber keine Option mehr – die Lehrer könnten sich schlichtweg nicht mehr sonderpädagogisch qualifizieren. Heute hänge alles davon ab, wo man als behindertes Kind aufwachse; ob es dort eine starke Selbsthilfegruppe gebe, die sich einem annähme und mit privat organisierten Kursen die Mängel des Schulsystems kompensiere – so wie das heute etwa im Blindenzentrum in Bozen geschieht. Die Qualität der Inklusion sei damit nicht mehr staatlich garantiert, sondern hänge von Zufällen ab – »vom Engagement einzelner Personen, die versuchen, im richtigen Moment das Richtige zu tun«.

Schweden

Und wie sieht es in den nordischen Ländern Europas aus, etwa in Schweden, laut deutscher Unesco-Kommission »vorbildhaft« in Sachen Inklusion? Die Süddeutsche Zeitung berichtete am 26.1.2015 von den skandinavischen Bemühungen um Inklusion. Landesweit gingen nur etwas mehr als ein Prozent auf Sonderschulen, ein gleichgroßer Anteil würde Sondergruppen an Regelschulen besuchen. Praktisch jeder Schüler könne dort also die nächstgelegene (neunjährige gemeinsame) Grundschule besuchen. Es gebe zeitweiliges team teaching, die Lehrer würden auf die Lernbedürfnisse jedes Schülers eingehen. Wenn ein Kind Rollstuhlfahrer sei, müsse die Schule eben eine Rampe bauen, bei einem tauben Schüler lerne eben die gesamte Klasse Gebärdensprache. Das gelinge so gut, dass fast jeder Schüler in das anschließende Gymnasium aufsteige.

Nun besagt die hohe Gymnasialquote Schwedens nicht viel – »Gymnasium« ist dort einfach die Sammelbezeichnung für alle allgemeinbildenden Schulen der Sekundarstufe II. Davon gibt es bis zu 17 verschiedene Typen, deren Niveau über ihr Fächerangebot gesteuert wird – die mit mehreren verpflichtenden Fremdsprachen ähneln hiesigen Elitegymnasien, die mit einem technisch akzentuierten Angebot unseren Berufsschulen.[31]

Und was die Inklusion angeht, so ergibt sich allein schon für die Schülergruppe mit körperlich-motorischem Förderbedarf ein eher ernüchterndes Bild. Die Studie »Besonders, getrennt oder ausgegrenzt?«[32] erkundete deren Situation in den Jahren 2005 bis 2008 und befragte dazu 470 Schüler verschiedenen Alters, ihre Eltern und etwa hundert Lehrer und Schulleiter in ganz Schweden mit Hilfe standardisierter Fragebögen. Das Ergebnis: Bis zu einem Drittel der Eltern konnte die Schule entgegen den offiziellen Versprechen doch nicht frei wählen – mangels Plätzen und Fachkompetenz; ein weiteres Drittel der befragten Schüler bekam zudem nicht genügend Unterstützung, um dem Unterricht zu folgen. Weniger als die Hälfte der Schüler schätzten das Fachwissen ihrer Lehrkräfte über ihre Beeinträchtigung hoch genug ein. Zwar besuchten drei Viertel aller befragten Schüler immer oder meistens gerne die Schule – aber nur die Hälfte ginge gerne in die Pause; und an Ausflügen, Besichtigungen, Wandertagen, Klassenfahrten oder ähnlichen Unterrichtsaktivitäten könnten oder dürften sie nur manchmal, oft gar nicht teilnehmen. Viele Schüler würden zudem doch wieder von einer Regelschulklasse in irgendeine Form von Förderklasse oder -gruppe wechseln. So sinke bis zur 9. Klasse allein der Anteil von Regelschulklassen, die von körperbehinderten Schülern besucht werden, um 22 %.

Als eine Ursache sehen die Forscher die »weitgehende Dezentralisierung der Schulpolitik« – die Umsetzung der Konvention hänge vom einzelnen Lokalpolitiker ab, und sie lasse sich kaum durch Sanktionen beschleunigen. Die Publizistin BRIGITTE SCHUMANN konstatiert in allen nordischen Ländern seit PISA eine zunehmende Leistungsorientierung und Privatisierung im Schulischen, was die Inklusion hemme bzw. zurückfahre: »Der Neoliberalismus hat in den letzten Jahrzehnten das Wertesystem und das Politikverständnis der westlichen Gesellschaften entscheidend geprägt. Er ist das Gegenmodell zu der Inklusion.«[33] Vielleicht ist die entschiedene Kritikerin da aber gleichwohl ein wenig naiv: Womöglich ist gerade eine Billig-Inklusion ganz im Sinne neoliberaler Kräfte: So würde das Bildungswesen für den Staat doch kostengünstiger.

Auch der schon lange in Schweden lehrende Sonderpädagoge THOMAS BAROW zieht eine skeptische

Bilanz: »Ein erheblicher Teil der Schülerinnen und Schüler – zwischen zwei und drei Prozent – verbringen mindestens die Hälfte ihrer Unterrichtszeit in Sonderschulen oder Sondergruppen. Diese Fördergruppen können teilweise kilometerweit von der eigentlichen Schule entfernt sein, sodass sie gar keinen Kontakt zur allgemeinen Schule haben.« Und: »Nur etwa 80 Prozent der Lehrkräfte an schwedischen Schulen sind fachlich adäquat ausgebildet, in der ›särskola‹ (d.h. Sonderschule, d.V.) sind es noch deutlich weniger.«[34]

USA

Auch ein Blick über den großen Teich könnte interessant sein: Dort lernen drei Viertel aller Förderschüler in Regelklassen, nach dem Prinzip der *full inclusion*, also mit sonderpädagogischer Förderung in Klassen des allgemeinen Bildungssystems, mit Sicherung einer sonderpädagogischen Grundversorgung und dem Einsatz mobiler Dienste (Dokumentation des U.S. Department of Education von 2009). Jeder sechste Förderschüler besucht Spezial*klassen* an Regelschulen – »special classes«, für zeitweiligen Unterricht in besonderer Umgebung mit besonders intensiver Förderung und kleineren Schülerzahlen (vergleichbar den »Außenklassen« in Baden-Württemberg, die 2009 von 3-5 % aller Förderschüler besucht wurden). Und 4 % aller Förderschüler lernen in Spezial*schulen* (diese Quote schwankt je nach Behinderungsart) – vergleichbar der deutschen Förderschulquote im Schuljahr 2013/14 von 4,7 %.[35]

Aber ist nun eine Inklusionsquote von 75 % beneidenswert? Nicht unbedingt, denn: Was sagen überhaupt Quoten? Müsste man nicht im Detail prüfen, wie es etwa um die jeweilige Unterrichtsqualität bestellt ist, oder wer welchen Lernerfolg wo erreicht? Und trotz dieser hohen Inklusionsquote von drei Viertel aller Förderschüler in Regelklassen: Auch jenseits des Großen Teichs gibt es eine Gruppe von Eltern, Fachkräften und Fachverbänden, die sich gegen *full inclusion movement* wehren. Behinderte Kinder bekämen in den Regelklassen zu wenig Aufmerksamkeit und würden zu Außenseitern mutieren, die Lehrer seien dafür auch nur oberflächlich geschult.[36] Und es wird in den USA durchaus diskutiert, ob das »Gesetz zur Verbesserung der Bildung für Menschen mit Behinderungen« (IDEA: »Individuals with Disabilities Education Act«) nicht dazu führe, dass im inklusiven Unterrichtsalltag, entgegen der gesetzlichen Intention, die Diskriminierung behinderter Kinder paradoxerweise sogar noch gefördert werde.[37] Jedenfalls haben die USA die BRK zwar schon 2009 unterschrieben, aber eine Ratifizierung bisher abgelehnt.

Andere Stimmen kritisieren Nordamerikas Verhältnis zur Inklusion noch grundsätzlicher.[38] In den sechziger Jahren öffneten die USA ihr Bildungssystem, um den technologischen Vorsprung der Russen einzuholen (Sputnik-Schock). Besondere Fürsorge und Zuwendung erhielten dabei zunächst auch behinderte Kinder. In dem Maße aber, wie sich die sozialen Gegensätze in der Gesellschaft verschärften, wurde Inklusion als Billiglösung erkannt – um die zunehmende Anzahl »schwieriger« Kinder aus der Unterschicht günstig aufzufangen. Offiziell hieß es »Mehr Chancengleichheit«, wenn der Staat dazu überging, Förderschulen, Kinderheime und Erziehungsanstalten zu schließen. In Wahrheit wollten die ganz Reichen keine Solidarität mehr üben – für »Besserbetuchte« gab es ja privatwirtschaftlich gesponserte Bildungseinrichtungen. Der Rest musste mit Inklusion in *public schools* vorliebnehmen. Zur Realität von Inklusion in public schools gehören auch Security-Kräfte, die notfalls auf des Lehrers Klingelruf hin zu Hilfe kommen – und dann heißt es Zugriff, durchaus physisch und psychisch schmerzhaft, die Security darf das.[39]

Schweiz

Noch einmal zurück in ein Nachbarland. Die Schweiz folgt bereits seit 1994 dem Vorläufer der UN-BRK, der Unesco-Erklärung von Salamanca. Bereits vor zehn Jahren aber berichtete die Neue Zürcher Zeitung (NZZ, 26.9.2006), dass die Inklusion geistig behinderter Kinder diesen meist nicht gerecht werde und oft scheitere. In den Regelklassen seien sie vielfach vereinzelt (»Rückschritt ins Mittelalter«), stünden in gemeinsamen Lernphasen dem Ausdrucksvermögen und Durchschnittstempo der anderen hilflos gegenüber – und müssten zudem letztlich doch oft in eine heilpädagogische Schule überwiesen werden, was dann erst recht als Herabstufung empfunden werde. Sie müssten einen hohen Preis dafür zahlen, dass ihre Eltern sich durch den Besuch der Regelschule besser fühlten – und nicht behinderte Kinder in den Genuss integrativer Sozialkontakte kommen würden.

Mittlerweile klingt die Klage aus der Schweiz noch alarmierender. Am 20.3.2016 beschreibt die NZZ, dass die Inklusion »Lehrer und Klassen an den Rand ihrer Belastbarkeit« bringe – die Anzahl stark verhaltensauffälliger Schüler in den Regelschulen nehme ebenso zu wie die Förderwünsche der Eltern von mutmaßlich hochbegabten Kindern. Prinzipielle Vorteile der Inklusion (stimulierende Lernumgebung für Schwächere, größere Sozialkompetenz der Stärkeren) drohten in der Praxis zu scheitern. Zusätzliche Ironie der Geschichte auch hier: Die Förderbedarfsquote steige nicht zuletzt deshalb wieder, weil Schulen in dem Maße zusätzliche Unterstützungsmaßnahmen einkaufen könnten, wie sie weiteren Förderbedarf feststellten.

2.3 Empirisches

Wissenschaftliche Befunde – kein Anlass zu Optimismus

Sonntagsreden und Positionspapiere sind das eine, gesicherte Fakten das andere. Was sagen eigentlich Wissenschaftler, was sagt die Forschung zur Inklusion, als Prinzip wie im Detail? Es lohnt, sich eingehender damit zu beschäftigen – und es überrascht, mit welcher Skepsis Fachleute die Inklusionsbewegung betrachten.

- So meint der Rehabilitationswissenschaftler Bernd Ahrbeck, Inklusion dürfe nicht zu einer Paradiesmetapher werden: »Schulische Inklusion ist jedoch ein hochkomplexes, in sich spannungsreiches, in Teilen auch widersprüchliches Phänomen, das sich einfachen Lösungen verschließt. Zum Wohl des Kindes bedarf es weiterhin unterschiedlicher schulischer Settings.«
- Der Schulpsychologe Rainer Dollase warnt, dass in der Inklusion die institutionelle Separierung lediglich mit sozialer Ablehnung getauscht werde: »Diskriminierung wird nicht abgeschafft, wenn alle Kinder nun einen gemeinsamen Klassenraum bevölkern – dann fallen die Besonder-

heiten des Einzelnen mit informeller Macht auf. Inklusion heute ist eine problemproduzierende Problemlösung.«

- Der Erziehungswissenschaftler HERMANN GIESECKE hält Inklusion gar für eine höchst fragwürdige politisch-weltanschauliche Bewegung, für den neuerlichen Anlauf einer wieder einmal zu kurz greifenden Bildungsreform: »Inklusion, wie sie gegenwärtig sichtbar wird, ist nicht nur eine pädagogische Mogelpackung, sondern auch ein bildungspolitisches Fiasko.«
- Und der Philosoph KONRAD PAUL LIESSMANN konstatiert, dass der angenehme Glaube an die inklusive Gesellschaft ganz einfach zu kurz greife: »Ohne Klavier spielen zu können wird es schwer sein, in die Gemeinschaft der umjubelten Pianisten aufgenommen zu werden.« *[alle ausführlich auf www.inklusion-als-problem.de]*[40]

Solche Äußerungen sind nun alles andere als Einzelstimmen aus dem wissenschaftlichen Elfenbeinturm, dahinter steht nicht zuletzt empirische Forschung – Untersuchungen, die einzelne Effekte schulischer Maßnahmen sorgfältig und möglichst neutral unter die Lupe genommen haben. Betrachten wir einige Beispiele genauer.

BiLieF

Die »Bielefelder Längsschnittstudie zum Lernen in inklusiven und exklusiven Förderarrangements« (kurz: BiLieF[41]) hat sich seit 2012 aufwändig der Frage gewidmet, wie sich Lernbehinderte in unterschiedlichen Beschulungsformen entwickeln. Diese Untersuchung ist aus zwei Gründen besonders interessant. Zum einen bilden LE-Schüler die größte Gruppe von Kindern mit besonderem Förderbedarf. Zum anderen wurde die Erhebung als Längsschnittstudie durchgeführt, es wurden also nicht nur momentane Zustände verglichen, sondern auch Entwicklungen sichtbar gemacht – was eher Rückschlüsse auf mögliche Ursachen beobachteter Unterschiede zulässt.

Thema war die Entwicklung der Lese- und Rechtschreibfähigkeit sowie von psychosozialen Merkmalen. Verglichen wurden drei Grundmodelle sonderpädagogischer Förderung: in separaten Förderschulen (FS), in Grundschulen mit gemeinsamem Unterricht (GU, d.h. dauerhafte Präsenz von Sonderpädagogen in den Regelklassen) sowie in Grundschulen, die mit einem Kompetenzzentrum für sonderpädagogische Förderung kooperieren (KSF, d.h. punktuelle Präsenz externer Sonderpädagogen). Beteiligt waren 425 Dritt- und Viertklässler, in 202 Klassen und 159 Schulen in Nordrhein-Westfalen, davon 49 Förderschulen, 84 GU-Schulen und 26 KSF-Schulen).

Zunächst zeigten die untersuchten LE-Schüler – was die Forscher überraschte – in allen drei Schulsettings ein ähnlich hohes (allgemeines und schulisches) Wohlbefinden sowie eine altersgemäß zuversichtliche Einschätzung ihrer eigenen Fähigkeiten. Die fachlichen Leistungen der FS-Kinder fielen dagegen schwächer aus als die der inklusiv beschulten Gleichaltrigen (GU wie KSF). Dies entspricht der oft geäußerten Vermutung, in der Inklusionsschule erführen Lernschwächere stärkere Entwicklungsimpulse (durch Stärkere), da sie nicht nur unter sich seien. Die ebenso verbreitete Annahme, die ständig erlebte Diskrepanz zu schnelleren Lernern wirke auf Langsamere entmutigend, schien sich hingegen nicht zu bestätigen.

Die Forscher haben indes betont, dass ihre Daten keinen eindeutigen Rückschluss auf eine unterschiedliche »Leistungsfähigkeit« von exklusiver oder inklusiver Förderung zuließen. Nicht selten würden nämlich Kinder mit besonders starken Lernbeeinträchtigungen möglichst schnell an eine Förderschule verwiesen. Dagegen würden bislang gerade die Schüler mit den leichteren Lernproblemen bevorzugt im GU angemeldet – somit bleibe offen, ob sich der bislang gefundene Vorteil inklusiver Settings nicht verflüchtige, wenn auch umfangreicher beeinträchtigte Schüler inklusiv beschult würden (etwa nach Schließung aller Förderschulen). Diese verhaltene Skepsis der Wissenschaftler ist insofern bemerkenswert, als diese dem Inklusionsgedanken eigentlich ausgesprochen positiv gegenüberstehen.

Hinzuzufügen wäre, dass im GU/KSF mit seinem Modellcharakter gewöhnlich besonders engagierte Lehrkräfte arbeiten – die Ergebnisse wären insoweit nicht ohne Weiteres auf die breite Alltagspraxis übertragbar. Was noch wichtiger ist: BeLieF konnte auch zeigen, dass die ermittelten Leistungs- und Wohlbefindenswerte der Schüler innerhalb der drei Beschulungsformen stark streuten, ja einander überlappten. Das bedeutet nach Ansicht der Forschergruppe: Das Entwicklungswohl von Kindern im Primarbereich hängt vermutlich weniger vom Fördermodell ab (also von Fragen wie Separation vs. Inklusion, äußere vs. innere Differenzierung) als von der jeweils vorherrschenden Unterrichtsqualität, der Förderprofessionalität und der Kollegialität an einer Schule. Kurz gesagt: Klasseneffekte sind stärker als Struktureffekte. Pikanterweise werden all' diese Zweifel in einem großen Lobeshymnus der ZEIT zum inklusiven Prinzip unterschlagen.[42]

RIM

Im Rahmen des Forschungsprojekts »Rügener Inklusionsmodell« (RIM)[43] wurden seit 2010 vier Jahre lang Grundschulklassen auf der Ostseeinsel Rügen begleitet, die konsequent nach einem spezifischen Unterrichts- und Förderkonzept (RTI, response to intervention) unterrichtet wurden. Die Leistungen der etwa 440 Schüler wurden später mit denen von nicht inklusiven Kontrollgruppen in Stralsund und Rostock verglichen, die herkömmliche Grundschulen, Förderklassen, Sprachheilschulen oder Sonderschulen besuchten. Als zentrales Ergebnis vermeldet die Süddeutsche Zeitung am 23.6.2015: »Kinder mit besonderem Förderbedarf profitieren von inklusiver Beschulung, bei den anderen Schülern konnten keine negativen Effekte festgestellt werden.« So seien bei Schülern mit hohem Förderbedarf »positive Effekte im Bereich Lernen, tendenziell positive Effekte im Bereich emotional-soziale Entwicklung und im Bereich Sprache gleichwertige Fördererfolge wie in bisherigen Beschulungsformen zu verzeichnen«.

Besonders erfreulich: »Lernschwache Kinder auf Rügen erreichten bereits nach drei Schuljahren Leistungen, die vergleichbare Kinder in anderen Regionen erst nach vier Jahren erzielen.« Das ist allerdings noch kein Beleg für die Notwendigkeit von Inklusion, sondern zunächst nur ein Plädoyer für mehr individuelle Förderung generell. Nicht erwähnt in der SZ: Die nicht behinderten Stralsunder Schüler (also aus Regelschulen) erzielten in Mathematik und Rechtschreibung etwas bessere Leistungen. Das muss kein Fall von Lückenpresse sein – vielleicht ließ der Redakteur die Stadtkinder auch unerwähnt, weil er sich dieses Milieu als grundsätzlich leistungsstärker bzw. prinzipiell bildungsnäher vorstellte ...

Das auf Rügen angewandte sehr aufwändige Konzept RTI ist in dreierlei Hinsicht bemerkenswert. Es arbeitet mit evidenzbasierten Methoden und Materialien, regelmäßigen Lernstandsmessungen sowie mit Mehrebenenprävention. Was heißt das? Man wartet mit unterstützenden Maßnahmen nicht solange, bis ein Kind gescheitert ist (»wait to fail«), sondern schaut ständig nach, welche besondere Hilfe es benötigt. Die Lern- und Verhaltensentwicklung der Kinder wird also regelmäßig kontrolliert, und sobald Kinder vom regulären Unterricht nicht mehr oder nur noch wenig profitieren, wird deren Förderung schrittweise verändert und optimiert – bis sich wieder Lernfortschritte einstellen.

Verblüffenderweise freuen sich radikale Inklusionisten keineswegs über die Befunde aus Rügen, sie kritisieren das Konzept vielmehr gerade als Widerspruch zur Inklusion – es sei primär auf Defizite fokussiert, technokratisch, testwütig, erneut segregierend. ANDREAS HINZ etwa stört es über die Maßen, »Kinder zu üblichen und offenbar selbstverständlich vorausgesetzten Entwicklungswegen ›hinzufördern‹«, er glaubt: »Hier ist massiv und aggressiv fördernde und fordernde Sonderpädagogik am Werk, das hat nichts mit Inklusion zu tun.« Im Gegenteil: Mit RTI lasse sich »die Zuständigkeit der sonderpädagogischen

Profession auf etwa 25 % aller Schüler/innen ausweiten« – mit anderen Worten, würde jeder vierte Schüler zum Förderkind.[44]

Von solchen ideologischen Zuspitzungen einmal abgesehen: Das verhalten positive Ergebnis des Rügener Inklusionsmodells (RIM) war nur unter ungeheurer zeitlicher Belastung der Lehrerschaft zu erreichen – sogar die gemeinhin inklusionsfreundliche GEW sah sich zum Protest, zum Schutz ihrer Mitglieder genötigt. Auch wurde bekannt, dass die Hälfte der beteiligten Lehrer den Fördercharakter der Maßnahmen bezweifelte – trotz gründlicher vorheriger Fortbildung.

Es wäre im Übrigen zu klären, inwieweit die Entwicklungsqualität in diesem inklusiven Setting womöglich von spezifischen Merkmalen der ländlich-insularen Bevölkerung profitiert hat. Wenn die Forscher mitteilen, »die Häufigkeit von sonderpädagogischem Förderbedarf ist auf Rügen deutlich geringer als in der Kontrollgruppe (3,7 Prozent auf Rügen versus 11,4 in der städtischen Kontrollgruppe)«, so liegt als Schlussfolgerung zwar nahe, »dass das inklusive Rügener Konzept sonderpädagogischem Förderbedarf vorbeugt« – eben wegen seiner engmaschigen Begleitung und Förderung. Nicht auszuschließen aber auch, dass die dortigen, eher traditionelleren Herkunftsmilieus zusätzlich unterstützend gewirkt haben.

Und was ist mit der Sekundarstufe?

Man kann nicht deutlich genug betonen: Alle bislang aufgeführten Positivbefunde zu inklusiver Schulorganisation beziehen sich auf den Bereich Primarstufe, mithin auf eine in der Regel weniger turbulente kindliche Entwicklungsphase – und dort gibt es immerhin bereits jahrzehntelange Erfahrung mit Gemeinsamem Lernen. Aber was weiß man über die Auswirkungen von Inklusion danach, in der Sekundarstufe, in Haupt- und Realschule bzw. an Gymnasien? Die ebenso kurze wie ernüchternde Antwort: wenig bis nichts. Oder um es mit den Worten einer – durchaus inklusionsgeneigten – Wissenschaftlerin zu sagen: »In diesem Bereich haben wir leider ein großes Forschungsdefizit.«[45] Das heißt im Klartext: In einer Altersphase, in der der Schulstoff zunehmend komplexer und die Kinder nicht selten schwieriger werden, installiert man vielerorts munter Inklusionsschulen, ohne dass es belastbare empirische Anhaltspunkte dafür gäbe, dass sich das inklusive Prinzip für diesen Entwicklungsabschnitt überhaupt eignet, ja, ob es sich hier nicht sogar schädlich auswirkt. Bisherigen inklusiven Schulversuchen heften die Befürworter schnell das Etikett »gut verlaufen« an – alleine, was heißt das schon, bei außergewöhnlicher Ausstattung, mit hochmotiviertem Personal, ohne Vergleichsgrößen? Nur als kleines Gegenindiz: In einer umfassenden österreichischen Längsschnittstudie zeigte sich, dass etwa in der Klasse 7 die Förderschüler drei- bis viermal so häufig wie Regelschüler keine einzige wechselseitige Freundschaft hatten, also trotz inklusiver Beschulung (»gemeinsam«) wesentlich einsamer waren.[46]

Forschungsbilanz

Dieses Buch kann nicht die ganze Fülle von Untersuchungen zur Inklusion ausbreiten – zumal in ihrer höchst unterschiedlichen Güte. Unter optimalen Bedingungen gibt es für den Primarbereich durchaus Positivbefunde: Nichtbehinderte Schüler in Integrationsklassen scheinen nicht weniger zu lernen als in Regelklassen. Leistungsstarke Schüler zeigen im GU oft mehr soziale Kompetenzen, behinderte Kinder deutliche Schulzufriedenheit.

Aber: In homogeneren Klassen (also etwa an der Förderschule) lernen leistungsstarke wie auch leistungsschwache Schüler in der Regel günstiger als in heterogenen Lerngruppen (1998). Körperliche Beeinträchtigungen werden von Mitschülern eher akzeptiert als Lern- oder Verhaltensprobleme (1998). LE-Schüler genießen in inklusiven Settings geringeres Ansehen, GE-Schüler äußern dort geringeres Wohlbefinden (2011). Und: Die jeweilige peer-Umgebung kann dissoziale Neigungen bei Förderkindern enorm verstärken (2012). Schließlich: Schulleistungen und soziale Integration hängen eng zusammen (2015).[47]

Wenn von Forschung die Rede ist, darf man einfach das Kleingedruckte nicht außer Acht lassen. Das gilt auch für die bekannte Analyse des Berliner Instituts für Qualitätsentwicklung im Bildungswesen (IQB, 2011), wonach Kinder mit Förderbedarf, die eine Regelschule besuchten, besser lesen, zuhören und rechnen konnten als die Kinder an einer Förderschule, insbesondere solche mit Lernschwierigkeiten. Indes ließ sich auch aus diesen Daten herauslesen, dass besagte Förderkinder relativ leistungsfähige waren – sie wiesen einen günstigeren soziokulturellen Hintergrund und höhere kognitive Grundfertigkeiten auf (Kloth 2013).[48]

Summa summarum ergibt dies zunächst nur: Gemeinsamer Unterricht ist für manche, vielleicht für viele, sicher aber nicht für alle Schüler, weder für die Regelschüler noch für die Schüler mit Förderbedarf, entwicklungsförderlich – und er beschert allen Lehrern eine Menge zusätzlicher Arbeit, die finanziell honoriert werden müsste. Diese Grundbilanz, die wie ein Gemeinplatz klingt, lässt sich durchaus noch spezifizieren: So spricht vieles dafür, dass in der Primarstufe erfolgreicher inkludiert werden kann als in der Sekundarstufe, dass Inklusion bei Körperbehinderung vor allem eine Ausstattungsfrage ist, dass Förderbedarfe schwächeren Grades im Bereich LE und ES noch am ehesten in einem Regelunterricht ohne ständige Doppelbesetzung aufgefangen werden können – ja, dass überhaupt intensivierte individuelle Förderung und größere pädagogische Kompetenz der Regellehrer die Sorgenkinderquote senken können. Gleichwohl darf man nicht darüber hinwegsehen: Kindliche Entwicklungsstörungen sind immer auch singuläre Erscheinungen, erfordern individuelle Weichenstellungen, verschließen sich Idealbildern ebenso wie kultusbürokratischen Schablonen.

Zudem darf man nicht vergessen: Das Thema Inklusion ist emotional und moralisch hochgradig aufgeladen – und damit ein gutes Tummelfeld für undeklarierte Interessen und parteiische Interpretationen. Man tut deshalb vermutlich gut daran, generellen Bilanzierungen mit Vorsicht zu begegnen. So klingt es zunächst verlockend, wenn DIETER KATZENBACH 2011 eine Forschungssynopse für das Amtsblatt »Schulverwaltung NRW« unter dem Motto »Patt der Systeme« zusammenfasst: Die Inklusionsschule sei zumindest gleich gut wie das bisherige System – also spräche doch nichts gegen ihre generelle Einführung. Aber diesem scheinplausiblen Diktum folgt der unscheinbar nachgeschobene Vorbehalt »wenn die Rahmenbedingungen stimmen« (gemeint sind Räumlichkeiten, Lehrerstellen und -spezialqualifizierung, Sachausstattung). Diese Einschränkung ist aber gerade der springende Punkt – und mit ihr steht oder fällt das Projekt. Es wird nämlich niemand den immensen Preis für eine flächendeckende Inklusion in hochqualitativer Form zahlen können oder wollen (vgl. Folgekapitel) – und nur dann wäre gewährleistet, dass es keinem Kind schlechter geht als im Förderschulsystem. Zudem ist die umgekehrte Argumentation ebenso triftig: Selbst wenn das »Patt der Systeme« zuträfe, die Inklusionsschule also im Durchschnitt nicht schlechter wäre als das Förderschulsystem – sollte man sich dann nicht die Kämpfe und Kosten eines Systemwechsels sparen, und stattdessen alles daransetzen, die Schwachstellen im Bisherigen zu optimieren? Erst recht, wenn nicht auszuschließen ist, dass ein Systemwechsel dazu missbraucht würde, Kosten und Qualifikationen herunterzufahren?

Seien wir also skeptisch, wenn Scheinparadiese in Aussicht gestellt werden. – Auch das folgende Beispiel stammt von Katzenbach (2011): »Es ist wenig plausibel, warum ein Kind in einer Klasse mit ebenfalls geistig behinderten Kindern ein anregungsreicheres Milieu vorfinden soll als in einer normalen Regelklasse – wenn die entsprechenden Rückzugsmöglichkeiten und auch die zur Pflege notwendigen Einrichtungen vorhanden sind.« Abgesehen vom wiederum dezent eingeschleusten Realitätsvorbehalt, ließe sich mit demselben Recht auch genau umgekehrt argumentieren: Was soll ein geistig behindertes Kind in einer Regelklasse, wenn es mit den dortigen Impulsen gar nichts anfangen kann? Auch hier scheint mir wieder die Logik des Misslingens (DÖRNER) am Werk: Grenzen oder gar ein Scheitern inklusiver Projekte werden lieber nicht dem favorisierten Prinzip (»Hauptsache gemeinsam«) bzw. widerständigen anthropologischen Faktoren (»Matthäus-Prinzip«) zugeschrieben, sondern mangelndem guten Willen der Beteiligten und unzureichenden Ressourcen. Diese bei einem »verwickelten Experiment« riskante Neigung kritisiert auch HEINZ-ELMAR TENORTH: »Hat man Sicherungen eingebaut – oder wird das Problem auf die Profession verlagert, die richten soll, was erwartet wird, und auf die man attribuieren kann, wenn etwas schiefgeht?«[49]

2.4 Finanzielles

Inklusion als Bildungssparmodell – Neoliberalismus eben

Anfang 2015 erregte ein Gastbeitrag in der SZ großes Aufsehen. Unter dem Titel »Inklusive Missverständnisse« warf OTTO SPECK, emeritierter Sonderpädagoge aus München, die Frage auf: »Hat denn niemand die Kosten kalkuliert?« An sich sei es in Deutschland üblich und rechtlich begründet, Gesetze nur dann zu verabschieden, wenn ihre Finanzierbarkeit berechnet und gesichert ist. Beim Gesetz zur UN-Behindertenrechtskonvention sei dies nicht der Fall gewesen – denn die Bundesländer hätten das Bildungssystem zu gestalten und zu finanzieren.

Speck vermutete, manche Ministerien hätten sich wohl erhofft, sie könnten die Aufwendungen für ein inklusives Schulsystem durch den Wegfall der Kosten des Förderschulsystems kompensieren. Diese Auffassung habe sich aber als vollkommen irrig erwiesen, und so komme es laufend zu schulischen Billig-Improvisationen von Inklusion – mit jeder Menge Benachteiligungen der betroffenen Kinder.

Dabei liege seit 2009 eine seriöse Schätzung der Kosten eines Systemwechsels vor. Das Berliner Forschungsinstitut für Bildungs- und Sozialökonomie (BFBS) habe sie im Auftrag von Bündnis 90/Die Grünen im Bundestag erstellt, und zwar unter der Maßgabe, dass die Förderschulen abgeschafft würden. Demnach[50] würde sich die zusätzlichen Aufwendungen für ein inklusives Schulsystem im Jahr 2020, nach dem bis dahin zu erwartenden Geburtenrückgang, bundesweit auf etwa 49 Milliarden Euro belaufen. Da die bisherigen Kosten für das Förderschulsystem etwa 15 Milliarden Euro betrügen, wären für ein inklusives Schulsystem mithin zusätzlich 34 Milliarden Euro zu erbringen. Mit anderen Worten: Ein pädagogisch sinnvoll ausgebautes System schulischer Inklusion kostet mehr als dreimal so viel wie das Förderschulsystem.

Diese ernüchternde, gleichwohl professionelle Kostenschätzung taucht pikanterweise in der gegenwärtigen Debatte nicht (mehr) auf. Skeptiker des Inklusionsprojektes sind bisweilen unzureichend informiert – oder sie bleiben aus moralischen Gründen stumm. Und radikalen Inklusionisten ist nur allzu klar, wie riskant ein derartiger Mammutaufwand für das Image ihres Vorhabens wäre. Nicht zuletzt würde so ja auch deutlich, dass die derzeit praktizierte Inklusion vielerorts eine Billigversion, ein Sparmodell ist. Besagte BFBS-Studie fehlt denn auch etwa im Überblicksartikel »Und was kostet das?« von Katzenbach für »Schulverwaltung NRW« (spezial 3/2011) völlig.

Inklusion als Sparmodell, ja Treibmine für öffentliche Bildung – dies steht auch für Clemens Knob-

LOCH, Linguist an der Uni Siegen, außer Frage. Die Zerschlagung der bisherigen Sonderschulen und die Eingliederung schwieriger Kinder in die Regelklassen sei geradezu ein »Ei des Kolumbus« für neoliberale Kräfte und Entwicklungen. Man könne der Inklusion aus moralischen Gründen nur schwer widersprechen; de facto werde sie aber »die ›marktfähigen‹ Schichten aus dem öffentlichen Schulwesen herausmanövrieren. (…) Wer 4 – 6 Kinder mit individuell ausdifferenziertem Förderbedarf in der Klasse hat, der muss die Standards senken.« Am Ende würden sich clevere Bildungsdienstleister die Hände reiben – wer es sich halbwegs leisten könne, schicke seine Kinder dann nämlich in ihre Privatschulen. Mit Zynismus äußerst der Sprachwissenschaftler Bewunderung für »die Chuzpe, mit der ein institutionell ausdifferenziertes System von Fördereinrichtungen für Lernbehinderte mit einem Federstrich als Diskriminierung Lernbehinderter umdefiniert und abgeschafft werden kann. (…) Inklusion ist das, was man eine Konsensfiktion nennt (…), ein einwandsimmunes Prinzip. (…) Das ist eine Politik, der man Orwell´sche Qualitäten nicht absprechen kann.«[51]

»Inklusion ist ein neoliberales Projekt, kein sozialkritisches oder gar ›linkes‹«, meint auch der Philosoph CHRISTOF TÜRCKE. In seinem Buch »Lehrerdämmerung« legt er schonungslos dar, warum die angeblichen Kinderkrankheiten der Inklusion gar keine solchen seien, sondern vielmehr ihr Dauerproblem darstellten. Die Hoffnung sei töricht, der Staat müsse auf Dauer zwangsläufig mehr Mittel dafür locker machen. Tatsächlich sei die weltweite Inklusionsbewegung erst deshalb so machtvoll in Gang gekommen, weil die reale Staatsverschuldung allerorten immer weniger Geld für Bildung erwarten lasse. Türcke bedauert, wie viel pädagogisches Engagement bei diesem Manöver verbrannt werde. »Vornehmlich junge Lehrer lassen sich von der Inklusionsidee entflammen (...) und scheuen keine Mühen (...) doch ihr Enthusiasmus dient vornehmlich dazu, für den grauen Inklusionsalltag eine möglichst breite gesellschaftliche Akzeptanz zu schaffen.« Passionierte Pädagogen als nützliche Idioten?

Sparpotentiale sind das eine beim Thema Inklusion, Verdienstspannen das andere. Wie bei anderen potentiellen Reformthemen tut sich auch hier ein ergiebiges Tummelfeld auf, für profilierungsbedachte Jungakademiker und ressourcenheischende Fakultäten. Ganze Lehrstühle widmen sich inzwischen der ach so drängenden Thematik – was muss man nicht alles erforschen, was lässt sich nicht alles erwägen? Hinzu kommen die Interessen des »pädagogisch-industriellen Komplexes« (GIESECKE), also von Schulbuchverlagen und Lernsoftwareproduzenten, Computerherstellern und Testentwicklern. Denn je individualisierter Schüler lernen, umso komplexere Lernmittel müssen angeschafft werden – und umso häufiger muss man testen, ob sie auch genug und richtig gelernt haben. Eine förmliche Inklusionsindustrie ist im Entstehen, hofft angesichts des gewaltigen Schulumbaus auf hohe Wachstumschancen – und betätigt sich natürlich auch als Lobby. Privatisierung der Bildung heißt eben viel mehr als die Ausweitung des Privatschulsektors – es bedeutet auch, die Schule permanent so umzubauen, dass sie zu den ständig modifizierten Produkten nationaler wie globaler Bildungsanbieter passt. Und das alles »mit der Legitimation scheinbarer internationaler Selbstverständlichkeit« – in diesem Fall der UN-BRK.[52]

2.5 Ideologisches

Von Einheitsschule bis Gleichheitsreligion

Mit der Inklusion lässt sich Geld einsparen, es lässt sich welches verdienen – aber solche diesseitigen Faktoren alleine erklären immer noch nicht ganz, warum das Manöver Inklusiver Schulumbau in kurzer Zeit so viel Rückenwind bekommen hat. Es muss auch noch höhere Beweggründe geben, sozusagen Metaphysisches. Relativ diesseitig, gleichwohl bereits mit gehörigem Glaubenskampf-Feeling gespickt: die erneut aufgeflammte Hoffnung, in Deutschland doch noch eine Einheitsschule realisieren zu können – also das Schulsystem, dem irrtümlicherweise[53] immer noch die Aura vollkommener Bildungsgerechtigkeit anhaftet. Wenn aber jedes Kind, gleich welcher Behinderungsform, das Recht bekäme, an einer Schule seiner (bzw. seiner Eltern) Wahl einen voll inklusiven Unterricht zu besuchen, müssten entweder in jeder Klasse mehrere Sonderpädagogen mitwirken (was niemand bezahlen kann und wird) – oder das Lernniveau würde allerorten massiv sinken. Inklusion, egal in welchen »semantischen Plüsch« man sie kleidet, bedeute eine »tickende Zeitbombe für jeden Unterricht«, schrieb Christian Geyer 2014 in der FAZ[54].

In diesem Zusammenhang hat auch der Kampf um die Berechtigung des Gymnasiums eine neue Dimension erreicht. Der anspruchsvollsten Schulform des Landes war ja immer wieder mal vorgeworfen worden, sie unterrichte wie im vorigen Jahrhundert und benachteilige Kinder aus bildungsfernen Schichten, dabei sind diese Vorwürfe ebenso eingängig wie unsinnig. Nun aber wird das Gymnasium unter diffusen moralischen Druck gesetzt, ihm wird ans Herz gelegt, sich verstärkt »seiner gesellschaftlichen Verantwortung zu stellen« und sich in Sachen Inklusion ebenfalls »auf den Weg zu machen« (so zwei der häufig wiederholten, nichtssagenden Schönsprechformeln). Die Debatte um die eigentümlichen Schulwünsche von Henry aus Walldorf (der Junge mit Down-Syndrom wollte gerne aufs Gymnasium) war ein erstes bundesweites Signal: Nach kurzer Zeit fand die Online-Petition von Henrys Mutter etwa 20.000 Unterstützer, während nur 3.000 dagegen votierten (was übrigens kein repräsentatives Meinungsbild darstellt, sondern nur die Agilität und den Vernetzungsgrad der Inklusionsfans belegt).

Auch wenn das Gymnasium schon viele Angriffe überstanden hat – diesmal könnte es ernst werden. So urteilt MATTHIAS BRODKORB, Kultusminister von Mecklenburg-Vorpommern: »Mit einem gewissen Augenzwinkern könnte man die Inklusionsdebatte als ein bildungspolitisches Trojanisches Pferd bezeichnen, das konservative Bildungspolitiker munter und fröhlich selbst hinter die Mauern der herkömmlichen Gymnasien gezogen haben, denn: Inklusion stellt die Systemfrage! Inklusion will das realexistierende gegliederte Schulsystem komplett durch eine einzige Schule für alle ersetzen.«[55] In dieser Schule, so die Hoffnung mancher, könne endlich Schluss sein mit der vergleichenden Leistungsbewertung – diese bereite nämlich vielen Schulreformern Unbehagen, erscheine gar als »Erbsünde der Pädagogik« (NORBERT BOLZ)[56]. Dabei, so die entwicklungspsychologische Ernüchterung durch BERND AHRBECK, messen Kinder sich gerne miteinander; Vergleich und Konkurrenz sind für sie keine Schreckgespenste an sich, sondern dienen beständiger Selbstvergewisserung – und diese ist nicht zuletzt im

Hinblick auf sozialen Aufstieg notwendig.[57] Darüber hinaus verlöre eine gar nicht mehr messende Schule eben auch zwei nach FEND[58] gesellschaftlich eminent wichtige Funktionen: die der Allokation (also der qualifikationsbasierten Zuordnung von Schulabgängern zu Anforderungsprofilen des Beschäftigungssystems) und die der Enkulturation (also der Weitergabe von Erwartungen und Anforderungen der Mehrheitskultur an die nachfolgende Generation).

Die Soziologin IRMHILD SAAKE sieht hier einen eigentümlichen Zeitgeist am Werk. »Wir können nicht mehr mit Unterschieden umgehen, wir finden Ungleichheit geradezu hässlich – dabei sind Asymmetrien im Alltag unvermeidbar, wir könnten sie als Ressource nutzen.«[59] Diese eigentlich hochproblematische Nivellierung, also Einebnung von Bildungsstandards ist für den Philosophen CHRISTOF TÜRCKE übrigens keine Sache einzelner Spinner, sondern Ausdruck einer marktkonformen Entwicklung des Bildungswesens: »Der Trend zur Einheitsschule ist keine bloße Mode, die vielleicht schon in der nächsten Saison einer anderen weicht, sondern Folge des zunehmenden Drucks, den die gesamtgesellschaftliche Flexibilisierung aufs Schulsystem ausübt.«[60] Die bisher hochqualifizierten Fachleute für Unterricht würden dabei eigentümlich degenerieren – zu einer Melange aus besseren Praktikanten (nämlich für das Austeilen von Arbeitsblättern im individualisierten Unterricht) und schlechteren Förderlehrern (weil man natürlich in der schulischen Realität doch nicht 30 hochverschieden lernenden Schülern vollkommen gerecht werden kann). Sie würden all' den im Grunde ja höchst Wissenshungrigen zwar ein bisschen, aber keinem mehr genug mit auf den Lebensweg geben. Und bei solchen Billig-Lernbegleitern bliebe natürlich einiges auf der Strecke. Zum Beispiel die Fähigkeit, einer ganzen Klasse etwas Anspruchsvolles vorführen zu können; junge Menschen mit der eigenen Begeisterung für Fach und Sache anzustecken; gemeinsam mit Schülern tiefgehend über große Fragen zu diskutieren.

Religionsersatz

So gesehen geht es radikalen Inklusionisten um mehr als die Einheitsschule – auf der Tagesordnung steht eine neue Religion der Gleichstellung. CHRISTOF TÜRCKE sieht »Inklusion« als eine Fahne, unter der sich eine neue Bewegung gegen Ausgrenzung, für Akzeptanz im Sozialen formiert hat, die sich als Nachfolgerin des früheren Kampfes gegen arbeitsweltliche Ausbeutung versteht. »Seit die Hoffnung auf Überwindung der kapitalistischen Gesellschaftsform verblasst war, gab es keine nennenswerten höheren Ziele mehr, um derentwillen es sich lohnte, die alltäglichen ›Mühen der Ebene‹ zu ertragen. (..) Genau für diesen Hohlraum bietet das Inklusionsparadigma eine neue Füllung an. (...) Dabei mitzuwirken, dass die Schule zum diskriminierungsfreien Raum wird und damit zur Keimzelle einer neuen Gesellschaft: das gibt dem Leben Sinn.« Dazu werde etwa unermüdlich darauf verwiesen, wie gerne alle Welt voneinander lerne – Behinderte von Nichtbehinderten, Ältere von Jüngeren, Eltern von Kindern – »Jeder kann was, was nicht jeder kann« heißt es dann etwa ebenso irritierend wie suggestiv. Türcke toppt dies mit einer eigenen zynischen Version: »Vorschulkinder im Doktorandenkolloquium: Was wäre das für ein ungeahntes Geben und Nehmen!« Nur eines würden die Jünger des inklusiven Zeitgeistes nicht bemerken: dass sie letztlich dem kapitalistischen Weltgeist gehörig auf den Leim gingen: Dem gehe es nämlich keineswegs um eine humane Gesellschaft für alle, sondern »lediglich um die optimale Einbeziehung in die Dynamik des globalen flexibilisierten Kapitalismus, der wie ein großer Sportwettkampf vorgestellt wird. Es gewinnen zwar dabei nur wenige, aber jeder soll das Gefühl haben, voll mitzumachen.«

Auch der Historiker ANDREAS RÖDDER glaubt, dass »Inklusion sehr viel mehr umfasst als nur die Frage des gemeinsamen Schulunterrichts von Kindern mit und ohne Behinderung. (...) Anstelle des Primats selbstverantworteter Leistung, auf der das liberale Gesellschaftsmodell beruht, setzt die Kultur der Inklusion in erster Linie auf Nachteilsausgleich, Gleichstellung und moderierte Vielfalt.«[61] Dies könne sich im Einzelfall zwar lernförderlich auswirken – müsse es aber keineswegs, ja, solle es gar nicht primär. Denn das Anliegen sei eben nicht, die Entfaltung individueller Leistung zu optimieren – das würde ja Ungleichheiten verfestigen, wenn nicht verstärken. Es gelte vielmehr, die Gesellschaft im Sinne der Gleichstellung bestimmter Gruppen zu gestalten. Pikanterweise schlage dabei aber die Forderung nach Toleranz ganz schnell in Intoleranz um – weil nämlich ein Prinzip ohne Rücksicht auf Erfahrung verabsolutiert werde, quasi zur Ideologie gerinne. Die erwähnten Maulkörbe für inklusionsskeptische Schuldirektoren in Aachen durch die vorgesetzte Behörde sind ein Zeichen, das in diese Richtung weist.

Rödder sieht übrigens mit der Inklusion noch weitaus größere Entgrenzungen heraufziehen. Wie man die Unterschiede zwischen Behinderten und nicht Behinderten verwische, so könnte es auch dem homo sapiens im Vergleich zu anderen Lebewesen ergehen. Der australische Philosoph Peter Singer plädiere schon seit Längerem für eine Befreiung der Tiere und gegen einen Vorrang des Menschen als Spezies. Am Ende dieser Logik stehe dann »eine neue Schöpfungsordnung, in der sich der Mensch die Erde nicht untertan macht, sondern auf einer Stufe mit der übrigen Schöpfung steht«. Dann aber stelle sich die Frage der Menschenrechte neu – »Zoophilie« etwa (bisher pejorativ als »Sodomie« bezeichnet) könnte zur anerkannten Normalität werden. Sie ergänze die Gleichstellung von Polygamie, Quoten für queere Migranten in Aufsichtsräten von Unternehmen (...), eine einheitliche Schulform ohne Noten oder eine transnationale Transfergemeinschaft über die EU hinaus. Rödders Weiterdenken mag überzogen erscheinen – er verweist indes darauf, dass ein Adoptionsrecht für Homosexuelle vor dreißig Jahren wohl ähnlich unrealistisch erschienen wäre. »Ob all' dies so kommt oder nicht, stehe dahin – es ist aber dringlich, darüber zu debattieren.«

Für den Aspekt des Religionsersatzes gibt es noch ein weiteres Indiz. Die Debatte über Inklusion zeichnet sich hierzulande auch dadurch aus, dass sie selbst gerade nicht alle einschließend, sondern vielmehr auffallend scharf segregierend ist – die Welt wird rigide in Gläubige und Häretiker, in Gute und Böse geschieden. »Die Behindertenkonvention kommt mit dem Heiligenschein vollkommener Untadeligkeit daher.« Jeder, der dieser Fahne nicht uneingeschränkt folge, gerate zumindest im deutschsprachigen Raum, »in den Verdacht, mit der These vom unwerten Leben zu sympathisieren« – so noch einmal der Philosoph CHRISTOF TÜRCKE. Ganz schnell wird dann etwa darauf verwiesen, dass der Begriff »Sonderpädagogik« seine Wurzeln im Nationalsozialismus habe – damals sowohl eine Anbiederung an das damalige System wie auch eine Art Appeasement im Hinblick auf Kinder, die nur »ein bisschen zurück sind«. Der lange Schatten der braunen Diktatur wird eben immer wieder gerne instrumentalisiert – auch in der Frage eines bestmöglichen Umgangs mit entwicklungsbeeinträchtigten Kindern und Jugendlichen.[62]

Herrschaftsverschleierung

In diesem Zusammenhang sollte auch der französische Soziologe LUC BOLTANSKI nicht unerwähnt bleiben. Er sieht das permanente, vielfach undurchdachte Reformieren top-down von einer noch übergreifenderen Warte – für ihn ist es schlichtweg die neue, von vielen unerkannte oder unterschätzte Herrschaftsform unserer Zeit.[63] Was heißt das im Kontext dieses Themas? Indem man die Lehrer und Schulen mit übereilter, unterfinanzierter und übertriebener Inklusion konfrontiert, versetzt man sie nicht nur in ständige Überforderung, sondern auch in ein dauerndes Minus. Ihnen bleibt nur, irgendwie zu überleben. Sie haben keine Zeit und Kraft mehr, von ihrem Dienstherren das zu verlangen, was eigentlich (oder außerdem noch) anstünde: kleinere Klassen, bessere Weiterbildung. Nicht nur bei der französischen Telecom gab es ja betriebsdingte Suizide, auch in Essen starb eine verdiente ältere Lehrerin, weil sie das Vorgehen seitens der Schulinspektion als so unangemessen und kränkend, aber auch so unangreifbar empfand.[64]

2.6 Individuelles

Über Schamgefühle und die Concorde-Falle

Angesichts dieser fragwürdigen Umwälzungen unseres Bildungssystems in Richtung deprofessionalisierte Einheitsschule könnte man lebhafte Debatten vermuten, ja Widerstand erwarten – aber: Fehlanzeige. Im Gegenteil: Viele Eltern, die ein Kind mit ausgeprägten Entwicklungsproblemen haben, erhoffen sich von der Inklusion bessere Chancen für ihren Sprössling. Diese Erwartung kann berechtigt sein, in vielen Fällen wird sie indes enttäuscht werden: In der übereilt eingerichteten und unterfinanzierten, womöglich radikal inszenierten Inklusionsschule werden Kinder mit besonderem Förderbedarf oft nicht die Unterstützung und Betreuung finden, wie sie aus den Pilotschulen des Gemeinsamen Unterrichts bekannt sind.

Die Befürwortung der Inklusion – womöglich ohne genauere Kenntnis der Sachlage – speist sich aber auch aus der Angst dieser Eltern vor Prestigeverlust, sollte ihr Kind einer Förderschule zugewiesen werden. So analysiert der Linguist CLEMENS KNOBLOCH: »Kein Zweifel: Für das Ego von Eltern, die ihren Kindern gute Lebenschancen und auskömmliche Berufe wünschen, ist es in hohem Maße stigmatisierend, wenn ihre Kinder das allgemeine Schulwesen verlassen und spezielle Förderschulen besuchen müssen.« Das Inklusionsversprechen ist dann eine ungeheure Verlockung, »es nimmt den Makel des Nichtnormalen sowohl von den Schultern der Eltern als auch von der beruflichen und sozialen Zukunft des Kindes. Alles scheint ganz einfach zu sein.«[65]

Indes zeigen auch viele Bürger ohne Sorgenkinder große Sympathie für den Inklusionsgedanken.

Womöglich eine Parallele zur sozialen Frage? So mancher Begüterte empfindet ja Armen gegenüber ein gewisses Verpflichtetsein – und erleichtert sein Schuldgefühl (oder auch seine Steuerlast) bisweilen durch ein ihn mehr oder weniger kratzendes Almosen (»Spende«). Auf den Bildungsdiskurs, die Inklusionsdebatte bezogen, stellt sich die Frage: Besänftigt die privilegierte Intelligenzija vielleicht ihre Gewissensbisse gegenüber Behinderten dadurch, dass sie die »armen Anderen« zumindest äußerlich aufwertet – indem sie sie nicht in Sonderschulen ausgrenzt, sondern in die eigenen Häuser des Lernens hineinlässt? Abwehr von individuellem Schamgefühl durch das Kollektivplädoyer für eine sakrosankte Institutionsreform – es wäre ein nicht unüblicher Trick menschlichen Geistes.

Aber vielleicht ist auch alles viel einfacher: Vermutlich ist bislang viel zu wenigen bekannt, was eigentlich im Schulwesen abläuft, oder sie kümmern sich zu wenig um solche Dinge, oder sie lassen die Politik einfach gewähren. Die Meinungsbildung vieler Bürger beginnt ja oft erst dann, wenn entscheidende Weichen bereits gestellt sind – das zeigen die Erfahrungen mit der Rechtschreibreform und dem Bauprojekt Stuttgart 21 hinlänglich. Auch im Fall Inklusion waren Eltern wie Lehrer allzu lange unbekümmert (von »Wir haben ja kein behindertes Kind, das geht mich nichts an« bis »Das klappt doch sowieso nicht und geht bald wieder vorbei«) oder aber naiv verschämt (»Die armen Kreaturen, da muss aber auch dringend etwas getan werden«). Und genau dies begünstigt eben das rasante Voranschreiten des – im günstigsten Falle – nicht zu Ende gedachten Schulumbaus.

Und womöglich ist gar der sogenannte Concorde-Trugschluss im Spiel. Menschen neigen anscheinend dazu, auch dann noch an irgendwelchen Zielen festhalten, wenn sich diese bereits als unerreichbar erwiesen haben – einfach, weil man schon so viel investiert hat. Der Begriff Concordefalle rührt vom französisch-britischen Überschallflugzeug her. Aus Prestigegründen wollte man an diesem Projekt trotz exorbitanter Kostensteigerungen unbedingt festhalten. Ähnliches kennt jeder aus dem Alltag: Je länger man einen schlechten Film anschaut, desto wahrscheinlicher, dass man ihn nicht ausschaltet – »jetzt will ich wenigstens wissen, wie es ausgeht«. Und je länger man auf einen Bus wartet, desto unwahrscheinlicher, dass man ein Taxi ruft – »der muss ja jetzt wirklich jeden Moment kommen, sonst hätte ich ja umsonst gewartet«.

Mit fortschreitender Zeit rückt das ursprüngliche Ziel in den Hintergrund, möchte man nur noch die negativen Folgen eines Projektabbruchs vermeiden. Man beginnt, sich die Umstände schönzureden, blendet Tatsachen aus, übersieht Warnsignale. Und leider existiert meist kein Umkehrpunkt, der anzeigt: Wenn du es bis hierhin nicht geschafft hast, musst du aufgeben. Eigentlich ist es ja eine Stärke, sich von Rückschlägen nicht vorzeitig entmutigen zu lassen. »Nur wann ist die Grenze erreicht zwischen Durchhaltevermögen, das sich irgendwann lohnen wird, und dem sinnlosen Festhalten an einem Ziel?« [66] Der Erziehungswissenschaftler ROBERT REICHENBACH sieht dieses Prinzip übrigens bei vielen zeitgenössischen Bildungsreformen am Werk.[67]

Sieben Jahre Unvernunft sind genug – eine Bilanz

Seit über sieben Jahren wird nun in Sachen Inklusion bereits gehofft und gebastelt, aber auch verordnet und gekämpft. Nicht selten werden dabei die Befürworter realistischer, am Kindeswohl orientierter Lösungen in undifferenzierter Weise ins Abseits gestellt, wirft man ihnen pauschal Veränderungsängste oder Förderdesinteresse vor. Aber schwarz-weiß-Polarisierungen sind bei diesem Thema in höchstem Maße fehl am Platz. Nicht ja oder nein ist die Frage, es gilt vielmehr, die Widersprüchlichkeiten ernst zu nehmen – und auch in den rot-grün regierten Bundesländern zu einer Inklusionspolitik des Augenmaßes zu finden (»dual-inklusives« System, vgl. Kapitel III).

Und diese Widersprüchlichkeiten türmen sich ja nur so auf. »Inklusion« wird uns als äußerst positiv konnotiert angeboten, als großer Reigen des Zusammenseins. Nun heißt includere ja einschließen; indes kann man jemand in sein Herz einschließen, in eine Gemeinschaft – aber auch ins Gefängnis. Was ist also mit dem zwangsweise inkludierten Lernbehinderten unter lauter Realschülern: Wird er sich wohl eher angenommen, aufgehoben, befreit fühlen – oder vielleicht auch eingesperrt und verloren? Umgekehrt sollen wir uns »Exklusion« nur noch als Negativum vorstellen – als Ausschließen, als Ausgrenzen. Aber was ist dann mit den äußerlich inkludierten Autisten, mit denen die Klasse spätestens in der Pubertät nicht mehr recht zu tun haben will, die also in innere Exklusion geraten? Und was ist mit den vielen Sorgenkindern, denen nur die Förderschule Schutzraum und Entwicklungskonsolidierung bietet, die Exklusion brauchen – und wollen?[68] Es ist jedenfalls tragisch, wenn sich engagierte Pädagogen vorwerfen lassen müssen, Verrat am Inklusionsideal zu begehen, nur weil sie im Englisch- und Mathematikunterricht der Mittelstufe dann doch Niveaukurse einführen – also greifbare Unterschiede nicht länger leugnen, sondern lernwirksam anerkennen.

In seinem Buch »Inklusion. Eine Kritik« listet der Rehabilitationswissenschaftler BERND AHRBECK die ganze Palette der Nebenwirkungsrisiken des Inklusionsprozesses auf. So seien die allenthalben als Erfolgsmeldungen feilgebotenen Inklusionsquoten relativ wertlos – entscheidend sei, mit welcher Qualität man den Entwicklungsbedürfnissen *aller* beteiligten Kinder gerecht werde. »Ist eine Schule, die äußerlich ›inkludiert‹, eine hilfreiche Institution, auch wenn sie Kinder in extreme soziale Randlagen bringt, emotional überfordert oder allein lässt?« (Seite 30) Jede »unzureichend vorbereitete und fachlich unbedachte Auflösung spezieller pädagogischer Institutionen und Settings« könne den Betroffenen mehr Nachteile als Vorteile bescheren. (Seite 7f) Überhaupt sei eine Nivellierung oder gar der generelle Verzicht auf sonderpädagogische Kriterien (»Ende des Schubladendenkens«) höchst problematisch: Denn solche gerne als human gepriesene »Dekategorisierung« führe zwangsläufig zu geringerer Fachkompetenz, bedeute mithin Deprofessionalisierung – nämlich im Umgang mit dem ja nach wie vor beeinträchtigt lernfähigen Kind. Vor diesem steht dann nämlich kein Experte mehr, sondern nur noch ein wohlwollender Allgemeinpädagoge mit Schmalspur-Enrichment in Sachen Vielfalt. Nicht zuletzt fürchtet Ahrbeck auch das Einschlafen sonderpädagogischer Forschung – wo keine Unterschiede mehr gemacht werden dürfen, brauche es auch keine Untersuchung mehr, ja, sei solche schlicht nicht mehr möglich.

Die Halbheiten und Widersprüche, faulen Kompromisse und uneingestandenen fachlichen Rückschritte im laufenden Inklusionsprozess sind Legion. Eine Ausrichtung auf forschungsbasiertes Handeln im Umgang mit der schulischen Integration entwicklungsbehinderter Kinder ist überfällig.

Nicht »Eine Schule für alle«, sondern »Für jedes Kind die beste«

Fassen wir zusammen: Die UN-BRK wollte durch ihre Aussagen zur Bildung sicherstellen, dass weltweit Kinder mit Behinderungen ungehindert am allgemeinen Schulsystem partizipieren können. Deutschland unterstützt dieses Anliegen grundsätzlich, die einzelnen Bundesländer realisieren dies aber in ihren Schulgesetzen je nach politischer Couleur höchst unterschiedlich.

Der Blick ins Ausland hat gezeigt, dass nirgendwo auf Spezialschulen oder -klassen für besonders beeinträchtigte Kinder verzichtet wird, schon gar nicht im Bereich der Sekundarstufe. Auch eine wissenschaftliche Bilanz ergibt höchstens ein Votum für mehr Integration, nicht aber für eine inklusive Einheitsschule. Insofern sind Träume von einer »ganz anderen Schule für alle« Luftschlösser: Manche, insbesondere jüngere Kinder mit Entwicklungsbeeinträchtigungen profitieren vom Unterricht in einer Regelschule mit sonderpädagogischem Enrichment, andere nur bei unverantwortbarem Aufwand – und wieder andere auch gar nicht.

Gleichwohl scheinen manche Kultusministerien fest entschlossen, die bewährten Förderschulen Schritt für Schritt abzuschaffen – zumindest aus Sparerwägungen. Hinzu kommt die Hoffnung, durch ein *full inclusive system*, also eine radikale Form von Inklusion, lasse sich doch noch die Einheitsschule einführen – quasi durch die Hintertüre. Dahinter steckt bei manchen Verfechtern noch mehr, nämlich die romantische Vision einer ganz anderen Gesellschaft, in der Leistung keine Rolle mehr spielen würde, nur noch die Anerkennung von Vielfalt. Die Frage wurde angerissen, warum sich eine solch' riskante wie auch widersprüchliche Umwälzung im Bildungswesen derart fraglos und ungehindert breit machen konnte – Unkenntnis in der breiten Bevölkerung, Schamgefühle von Nichtbehinderten, Nachwehen der NS-Zeit?

Eines ist klar: Schon die ersten Schritte der Inklusionsentwicklung haben einigen Bundesländern ein ziemliches Unterrichtschaos beschert, anderen steht solches noch bevor. Viele Kinder werden bildungsmäßig hinter ihren Möglichkeiten zurückbleiben, viele werden nicht die nötige Unterstützung bei ihren Schwierigkeiten bekommen, wenn Inklusion übereilt, unterfinanziert und radikalisiert durchgesetzt wird. Es geht aber um das Entwicklungswohl *aller* Kinder – solcher mit Beeinträchtigungen wie auch der ohne. Wer Schüler mit besonderem Unterstützungsbedarf besser fördern möchte, muss mehrdimensional konstruktiv denken: zunächst die Unterrichts- und Förderqualität in den Regelschulen verbessern, dazu so viel Gemeinsames Lernen wie möglich anbieten, aber auch genügend qualifizierte eigenständige Förderorte aufrechterhalten – und das heißt auch: weiterhin genug gute Sonderpädagogen ausbilden.

Ein Bundesland wie Bayern hat sein Schulwesen tatsächlich in diese Richtung weiterentwickelt. Andere Kultusministerien hingegen arbeiten offenbar auf eine Erosion bewährter Strukturen und Standards hin. Wenn etwa in Nordrhein-Westfalen Förderschulen geschlossen werden, die Förderqualität an den anderen Schulformen aber nur unzureichend steigt oder gar fällt, sinken dort die Lern- und Entwicklungschancen für alle Schüler – solche mit und ohne Behinderung. Wenn lernbehinderte Schüler zukünftig auch an Gymnasien aufgenommen werden, kann von anspruchsvoller Bildung dort künftig noch weniger die Rede sein als bisher schon. Und wenn die Ausbildung von Sonderpädagogen radikal zurückgefahren oder gar ganz eingestellt würde (zugunsten oberflächlicher Von-allem-ein-bisschen-Modulen in der allgemeinen Lehrerausbildung), droht vielen Kindern langfristig »wohlwollende Vernachlässigung« (AHRBECK) – was die Schwächsten naturgemäß am meisten trifft.

Aber Wegsehen oder Wehklagen nützen wenig. Schule ist wohl oder übel auch Schulpolitik – und dabei hat man ja zumindest ab und zu die Wahl: Man kann »die da oben« einfach machen lassen – oder aber selbst mitmischen. Müsste man nicht den Kultusministern bestimmter Länder so viel politischen Druck machen, dass sie die Finger von fragwürdigen oder unterfinanzierten Systemveränderungen lassen? Könnten Lehrer sich nicht eigensinniger und mutiger für das einsetzen, was sie als Experten für Unterricht und Förderung für wichtig ansehen – in den Schulen, über ihre Berufsverbände, durch Leserbriefe, bei der Landtagswahl? Und sollten Eltern ihre vieltausendfache Stimme nicht auch schon vor dem Wahltag erheben, indem sie ihren Parteivertretern auf den Zahn fühlen – oder einfach eigene Basisinitiativen ins Leben rufen?

3.1 Schulsystem: Nicht revolutionieren, sondern optimieren

Vielfalt statt Einheitsbrei

Auch wenn der Grundgedanke »gemeinsam lernen« etwas Anheimelndes hat: Es gibt keine Forschungsbefunde, nach denen das gegliederte Schulsystem in Deutschland dem Einheitsschulsystem anderer Länder unterlegen wäre, weder hinsichtlich der kognitiven noch der sozialen Kompetenz der Schüler.[69] Bei den ersten PISA-Tests schnitten deutsche Schüler zunächst zwar nur mittelmäßig ab, aber das hatte andere Gründe als die Struktur des Schulwesens: eine nur mäßige gesellschaftliche Wertschätzung des Lernens hierzulande, die damals ungewohnten Aufgabenformate, die vielerorts suboptimale Qualität des Unterrichts, die vergleichsweise hohe Belastung der Lehrer. Auch beim innerdeutschen Vergleich (Gesamtschulen vs. Schulen des gegliederten Systems) ließ sich kein nennenswerter positiver Effekt des integrierten Systems nachweisen – auch nicht in Sachen Bildungsgerechtigkeit (FEND). Ähnliches ergab die Gegenüberstellung von Förderschulen und inklusiven Systemen (vgl. Kapitel 2.3). Der Grund wird von der Forschung auf die einfache Formel gebracht: Klasseneffekte sind allemal größer als Systemeffekte. Will sagen: Für den einzelnen Schüler hängt viel weniger davon ab, nach welchem Prinzip seine Schule organisiert ist, als an welchen Pädagogen er gerät – und wie dieser die Klasse unterrichtet. Und dieses Argument ist keineswegs umkehrbar: Inklusionslehrer halbwegs vertretbarer Güte lassen sich nämlich nicht in beliebiger Dichte erzeugen – und sei es nur, weil es die dafür notwendigen Ressourcen schlichtweg nicht geben wird.

Dynamischer Verbund aller Schulformen

Deshalb wären zusätzliche finanzielle und personelle Ressourcen anders besser investiert: nämlich in die Professionalisierung und Flexibilisierung des bisherigen Systems. Dies gilt erst recht, wenn man bedenkt, wie viel Unruhe in unseren Schulen entstünde, wie viel gesellschaftliche Debattenenergie vertan würde, wie viel Anfangsdilettantismus zu verkraften wäre, wenn man die Bildungslandschaft ohne Notwendigkeit in der Sache – und ohne breite Zustimmung der Bevölkerung – auf den Kopf stellte. Aber wie könnte eine solche Optimierung auf systemischer Ebene aussehen?

- *Durchlässigkeit* zwischen allen Schulformen erhöhen, gleichzeitig klare Eignungsstandards festlegen und wirksame Unterstützungsangebote etablieren, damit jedes Kind tatsächlich die für es geeignetste Schule besuchen kann.
- *Regellehrer* in ihrer Unterrichtsexpertise, Führungssouveränität und Förderprofessionalität kontinuierlich weiterbilden, damit nicht durch suboptimale Lehrerkompetenzen vermeidbare Sonderförderbedarfe erzeugt werden.
- Möglichkeiten zu *Gemeinsamem Unterricht* in allen Schulformen flächendeckend und hochqualitativ sichern und ausbauen, dabei Niveaukurse in den Kernfächern zulassen, gleichzeitig gesonderte *Förderschul- oder -klassenangebote* aller Art wohnortnah beibehalten, damit für alle Schüler auch ein tatsächliches Wahlrecht besteht.
- Ein breites Angebot an hochspezialisierten *Sonderpädagogen* sichern und aufrechterhalten, damit besonderer Förderbedarf auch weiterhin sachgemäß erfasst und eingelöst werden kann.

- *Elternrechte und Lehrerurteile* bei der Schulwahl ernst nehmen und ausbalancieren, damit erzieherische Ansprüche und pädagogische Sachkompetenz nicht hinter Ideologien zurückstehen.

Der Heil- und Sonderpädagoge OTTO SPECK, auch als »offensiver Vertreter einer realistischen Inklusionspädagogik« bezeichnet, meint genau dies, wenn er von einem »dual-inklusiven Schulsystem« spricht.[70] Wenn es der Gesellschaft ernst damit sei, die Entwicklungsbedürfnisse *aller* Kinder zu wahren – solcher mit Beeinträchtigungen und solcher ohne –, könne dies nur in einem dynamischen Verbund von Regel- und Förderschulen stattfinden – das sei dann in zweifacher Weise inkludierend, also förderliches Aufgehobensein schaffend. »Innerhalb eines dual-inklusiven Schulsystems gilt die inklusive allgemeine Schule als die Regel, während die Förderschulen, in welcher Form auch immer, die Ausnahme bilden (...).« Solche Ausnahmen wirkten nämlich »intern inklusiv«, hier könnten sich Kinder und Jugendliche heimisch fühlen. Regelschulen wären dabei auch dann inkludierend, wenn sie Kinder mit besonderem Förderbedarf zeitweise separieren würden (in Förderkursen, durch Einzelbetreuung), während die speziellen Schulen oder Klassen gerade erst durch ihren exkludierenden Rahmen – d.h. in ihrer Schonraumfunktion – inkludierend wirken könnten.

Inklusion am Gymnasium?

Gibt es eigentlich eine sinnvolle Rolle, die die Gymnasien in einer solchen dual-inklusiven Landschaft spielen könnten? Die politischen Gegner dieser Schulform fordern ja gebetsmühlenartig, auch das Gymnasium müsse »sich seiner Verantwortung stellen« – aber diese scheinheilige Rhetorik kann ihre destruktive Attitüde nur mühsam verbergen. Dabei versucht sich das Gymnasium ohnehin schon seit Jahr(zehnt)en am schier Unmöglichen, nämlich Lernunlustige und Hochbegabte gemeinsam zu unterrichten – was je nach Einzugsbereich und Bundesland mal besser, mal schlechter gelingt. Aber jetzt auch noch Schüler aufnehmen, die gymnasiale Ziele mit Gewissheit nicht werden erreichen können – Kinder mit geistiger Behinderung oder solche mit gravierenden Sprachstörungen?

Tja, sagen dann radikale Inklusionisten, ist doch gar kein Problem, man muss einfach aufhören, alle Schüler an nur einem Ziel zu messen – man kann sie doch zieldifferent unterrichten. Der Fachbegriff klingt für manche so paradiesisch, dass sie das logische Denken einstellen – und vergessen zu fragen: Warum um Himmels willen sollen denn in einem Raum mehrere Unterrichte gleichzeitig stattfinden? Sind wir vielleicht ein so armes Land, dass wir uns mehr nicht mehr leisten können, waren die ländlichen Zwergschulen früherer Zeiten etwa besonders produktiv? Natürlich macht es Sinn, wenn Schüler phasenweise Aufgaben unterschiedlicher Schwierigkeit bearbeiten. Aber jahrelang mehrere Teilgruppen einer Klasse permanent auf weit auseinanderliegende Bildungsziele hin zu unterrichten, ist zumindest in der Sekundarstufe eine Farce – oder erfordert den ständigen gleichzeitigen Einsatz zweier (oder gar mehrerer) Lehrer. Im Übrigen wirft das Prinzip Zieldifferenz nach Auffassung der Kultusministerkonferenz wegen des grundgesetzlich vorgegebenen Gleichbehandlungsgebots erhebliche Rechtsfragen auf.

Nein, niemandem kann damit gedient sein, wenn die Kenntnisse deutscher Schulabgänger noch poröser würden, als sie es jetzt schon vielfach sind. Auch wenn man das Anliegen der Inklusion ernst nimmt, wird das dual-inklusive Schulsystem in seinem regulären Teil durchaus weiterhin mehrgliedrig sein können und müssen – sofern einem am Fortbestand hiesiger Bildungsqualität gelegen ist. Unter dieser Prämisse existieren dann durchaus wertvolle zweckmäßige Möglichkeiten auch gymnasialer Inklusion – etwa die Aufnahme von Kindern mit bestimmten körperlichen Beeinträchtigungen oder solcher mit emotional-sozialen Entwicklungsstörungen. Aber natürlich nur, wenn im einen Fall die nötige bauliche und sächliche Ausstattung auch tatsächlich vorhanden und wenn im anderen Fall eine qualifizierte sonderpädagogische Betreuung wirklich dauerhaft eingerichtet ist. Alles andere wäre Hokuspokus oder Trojanerei – jedenfalls unverantwortlich, sowohl individuell (im Bezug auf die zu fördernden Kinder) als auch gesellschaftlich (im Blick auf die Bildungsqualität).

Darüber hinaus macht es durchaus Sinn, wenn Gymnasial- und Förderschulklassen miteinander Partnerschaften eingehen. Dies würde den ansonsten getrennt Lernenden die Möglichkeit geben, sich in ihrer Verschiedenheit gegenseitig besser kennen zu lernen und weniger fremd voneinander aufzuwachsen. Wie beim Modell der bayerischen Partnerklassen (oder der Außenklassen Baden-Württembergs) kämen sich dabei Kinder mit und ohne Behinderung bei gemeinsamen Aktivitäten näher – am Wandertag, bei der Schulhausgestaltung oder Theaterprojekten, im Fahrradkurs oder auch gemeinsamen Pausen. Gymnasiasten könnten in Kooperation mit Förderschülern ihre sozialen Kompetenzen ausweiten, Förderschüler vom Kontakt mit den Gymnasiasten kognitiv profitieren. Aber dieses Modell ist bei Politikern unbeliebt: Zu wenig Inklusion, sagen sie – und meinen: Dabei kann man ja keinen Sonderpädagogen einsparen …

Unterrichtsqualität statt Strukturkampf

Aber wie gesagt: Schulorganisatorische Aspekte sind für die Lernentwicklung von Kindern und Jugendlichen höchstens zweitrangig – das hat nicht zuletzt die HATTIE-Studie eindrucksvoll belegt. Entscheidend ist, wie Klassen als Ganzes unterrichtet und wie die einzelnen Schüler gefördert werden, bei ihren spezifischen Schwierigkeiten, in ihren persönlichen Neigungen. Die Dimension der Unterrichts- und Förderqualität an Regelschulen ist für die Inklusionsfrage deshalb so wichtig, weil »besonderer Förderbedarf« bisweilen durchaus vermeidbar wäre. Manche angebliche Lernbehinderung oder Verhaltensauffälligkeit wäre vielleicht erst gar nicht aufgetreten, wenn die Grundschullehrer etwaige Anfangsschwierigkeiten des Kindes besser verstanden und aufgegriffen, für Disziplinprobleme ein besseres Händchen gehabt hätten.

Aber welche Unterrichtsformen, welche Förderarten, welche Lehrerhaltungen sind eigentlich in welchem Maße sinnvoll? In den letzten Jahren war ja viel von »neuer Lernkultur« die Rede: Begriffe und Konzepte wie »Individualisierender Unterricht«, »selbstorganisiertes Lernen« oder »eigenverantwortliches Arbeiten« geisterten durch die Fachgazetten, wurden dem verunsicherten Schulpersonal nach dem PISA-Schock quasi als Erlösungsparolen angeboten, konnten sich sowohl in den Katalogen der staatlichen Lehrerweiterbildung wie auch in den Standards kultusministerieller Schulinspektionen einnisten.

Nun, in dieser Hinsicht ist mittlerweile Ernüchterung eingekehrt. Auch wenn es sich noch nicht bis zu allen Lehrkräften und Fachleitern, bis in jede Kultusamtsstube herumgesprochen hat: Die Konzepte des selbstgesteuerten Lernens haben im Lichte der jüngeren Unterrichtsforschung erheblich an Strahlkraft eingebüßt.[71] Natürlich bleibt Selbstständigkeit das Ziel aller Erziehung und Bildung – sie ist aber keineswegs der Königsweg dorthin. Wenn ein entmutigtes Kind zu früh oder zu viel sich selbst überlassen bleibt, wird es mit Sicherheit unter seinen Möglichkeiten bleiben. Wenn ein Pubertierender zu häufig zwischen Aufgaben wählen kann, wird er das Attraktivere oft gerne dem Mühsameren vorziehen. Wenn der Lehrer den Unterricht überwiegend individualisiert gestaltet, muss er sich entweder verzetteln, oder er kann nicht mehr jedem Schüler in seiner individuellen Bedürfnislage angemessen gerecht werden; auch fände dann zu wenig gemeinsames Erarbeiten und Debattieren von Themen statt. Im Forschungsslang könnte man sagen: Die effektivsten Lehr- und Lernwege zeichnen sich dadurch aus, dass die Lehrenden dabei hochgradig steuerungsaktiv und die Lernenden vielfältig auseinandersetzungsaktiv sind (WEINERT, HELMKE, HATTIE). Das heißt im Schulalltag: Der vielgescholtene Klassenunterricht ist weitaus besser als sein Ruf, seine moderne Form (*direct instruction*) geradezu unerlässlich für soliden Kenntniserwerb.[72] Das ist übrigens auch für Eltern interessant – die wundern sich ja immer öfter, warum ihr Kind zwar Unmengen von Arbeitsblättern nach Hause schleppt, aber nicht wirklich verstanden hat, was eigentlich Neues gelernt wurde.[73]

Auch beim Aspekt Förderung gilt es, Spreu und Weizen sorgsam zu trennen. War das Prinzip Unterstützung etwa am Gymnasium bis vor drei Jahrzehnten noch ein förmliches Fremdwort, so schlägt das Pendel mittlerweile umgekehrt aus – »individuelle Förderung« wird vielerorts grandios überschätzt, mit ungünstigen Folgen für das Gesamtniveau der Schule. Immer häufiger kommt es vor, dass viel Energie in die Motivation und Unterstützung von Schülern gesteckt wird, die mit diesen pädagogischen Bemühungen beim besten Willen nichts anfangen können – weil entweder ihr kognitives Potential oder ihre derzeitige emotionale Befindlichkeit dies gar nicht zulassen! Dabei ist das, was manche als »Wundfördern« bezeichnen, nicht nur kräftezehrend für die Lehrkräfte, sondern vor allem auch lähmend und entmutigend für die vorgeblich zu Fördernden. Ein halbwegs anspruchsvoller Fachunterricht, eine nicht nur oberflächliche Bildungsarbeit werden dadurch jedenfalls torpediert, wenn nicht gar verunmöglicht!

Gut gemeint ist eben nicht unbedingt gut. Auch Förderung kann ins Straucheln geraten oder scheitern,

- wenn sie zu technokratisch oder bürokratisch angegangen wird – und vor lauter Fachbegrifflichkeit oder Formularkram der konkrete Mensch aus dem Blick gerät;
- wenn sie zu verwöhnend vorgeht – dem Kind also eigene Bemühungen (etwa Zusatzübungen) erspart oder erlässt;
- wenn sie zu idealisierend und uferlos angelegt ist – nicht jedes Kind kann in endlicher Zeit jedes

Ziel oder Niveau erreichen, bisweilen wäre eine andere Schulform einfach passender, ein anderes Kursniveau erfolgversprechender, eine Klassenwiederholung sinnvoller als ewiges Durchwursteln am unteren Rand.

Gerade in Sachen Förderung sind sensible Professionalität, feinfühliges Unterrichten (FELTEN) gefragt. Der Lehrer muss nicht nur die spezifischen Schwierigkeiten eines Kindes fachkundig einschätzen und individuell passende Maßnahmen und Materialien auswählen – das wäre ja nur die Grundlage jeder Hilfe. Entscheidend ist der Beziehungsaspekt der Unterstützung – fördern heißt nämlich insbesondere, die beziehungsdynamische Verstrickung eines Kindes durchschauen und es auf einer sehr persönlichen Ebene angemessen ermutigen zu können. Ein Schülergehirn kann eben, das ist bereits weithin bekannt, weder per Trichter befüllt werden, noch funktioniert es, wie es eine augenblickliche Trendmeinung nahelegt, ausschließlich als autistische Lernmaschine. Es ist vielmehr ein Beziehungsorgan, das im Wechselspiel von personalen Reizen und sächlichen Herausforderungen aktiv wird und sich entwickelt.

3.2 Lehrer: Nicht ruinieren, sondern unterstützen!

Übertriebene oder unterfinanzierte Inklusion – in einigen Bundesländern hat sie bereits zu massiver Überlastung der Lehrer geführt, zu ständigem und unnötigem Frust, zu erhöhten Erkrankungsraten. Auch Pädagogen, die das Prinzip Integration befürworten, wollen wieder an nicht inklusive Regelschulen oder zurück an Förderschulen versetzt werden, weil sie das tägliche pädagogische Elend nicht mehr mitansehen mögen. Da die Behörden an ihren rigorosen Plänen aber um jeden Preis festhalten, sieht sich mancher ältere Kollege gezwungen, die frühzeitige Pensionierung zu beantragen, auch um den Preis finanzieller Einbußen. Und man kann sich leicht ausmalen, wie das Interesse junger Menschen am Lehrerberuf unter solchen Umständen weiter zurückgehen wird.

Wo Lehrer noch besser werden können

Das heißt nicht, dass man Lehrern kein Dazulernen mehr zumuten sollte. Auch die behutsame Entwicklung zu einem gemäßigten, eben dual-inklusiven Schulsystem, einem dynamischen Verbund von Regel- und Förderschulen, würde für zahlreiche Pädagogen mehr Fortbildung bedeuten. Allerdings haben viele Lehrer in dieser Hinsicht die Nase ziemlich voll – wie viele *Fort*bildungs-Veranstaltungen durften sie doch schon erleben, die sie in ihrer Rolle eher verunsichert, die ihre Energie weitgehend nutzlos vergeudet, die sie von ihrer eigentlichen Aufgabe *weg*gebracht haben. Aus eigener Erfahrung und vielerlei Fremdberichten weiß ich, wie ermüdend bis entmutigend es ist, wenn 80 Akademiker sich tagelang damit beschäftigen müssen, die offiziellen Richtlinien und Lehrpläne in ein anstaltsinternes Hochglanz-Schulprogramm umzuschreiben – und nachher wandert das dann lediglich in die Schublade, jeder macht weiter, was er will – und letztlich gilt einfach nur, was Arbeitsgruppen im Ministerium bereits zu Papier gebracht haben. Ernüchternd ist auch, in langen Teamsitzungen die Lernziele für die Schüler »kompetenzbasiert und selbstlernorientiert« umformulieren zu müssen. Dabei ist jedem der Beteiligten klar, dass dabei nicht nur Bildung kleingehackt wird, Bildungsinhalte also sinnentleert werden und verloren gehen, sondern auch Schüler vollkommen weltfern gesehen werden (dass sie nämlich alles am besten selbst entdecken könnten). Nachvollziehbar, dass solche Fortbildungen Unmut und Empörung verstärken.

Nein, Lehrer brauchen *Weiter*bildung – Vorträge und Workshops, die sie in ihrer Tätigkeit tatsächlich *voran*bringen, die ihnen Fertigkeiten und Hilfen vermitteln, die sie gleich am nächsten Tag zur Bewältigung ihrer schwierigen Aufgabe nutzen können. Nicht umsonst hat JÖRG SCHLEE in seinem Buch »Schulentwicklung gescheitert« festgestellt: »Schulprogramme und Leitbilder haben Schülern nicht geholfen. (...) Der Nutzen von Steuergruppen konnte nicht nachgewiesen werden. (...) Die sogenannten Bildungslandschaften lassen weder Lehrer noch Schüler aufblühen. (...)« Und warum dieses Scheitern? »Es geht kaum um Unterrichtsverbesserung, und die zwischenmenschlichen Beziehungen werden zu wenig beachtet.«

Lehrer haben nichts dagegen, in ihrer Profession dazuzulernen – nur ist ihnen in der Vergangenheit zu wenig Nützliches, Praktikables, *Weiter*führendes angeboten worden. Sie wollen ja bessere Fachleute für »lernwirksamen Unterricht« und »effektive Förderung« werden. Zwar haben sie im Studium ihre Fächer studiert, aber die Fragen der Umsetzung stellen sich eben in der Praxis und aus der sich verändernden Praxis heraus: Wie gelingt effiziente Klassenführung? Welche Möglichkeiten kognitiver Aktivierung gibt es? Wodurch zeichnet sich ein ermutigendes Unterrichtsklima aus? Was wären lernförderliche Formen an Feedback? Wie kann ich im Regelunterricht möglichst wirkungsvoll homogenisieren, Langsameren also zum Anschluss an das mittlere Klassenniveau verhelfen, aber auch anregend differenzieren, also individuelle Stärken und Neigungen aufgreifen? Wie durchschaut man »schwierige« Schüler und Situationen – und reagiert konstruktiv auf sie?

Was übrigens nicht nur Lehrer, sondern auch Eltern wissen sollten: Die Einstellung zum vielgeschmähten Frontalunterricht ist zu revidieren. Als besonders lernwirksam hat sich nämlich neben gut strukturierten, aber auch vorbereitungsaufwändigen Formen der Gruppenarbeit das Prinzip *direct instruction* erwiesen. Das belegen Hatties Untersuchungen eindrücklich. Abwechslungsreicher Klassenunterricht ist demnach kein alter Hut, sondern ein lernpsychologischer Hit! Die Hattie-Studie hat den dominanten, redenden Lehrer rehabilitiert – der aber auch genau weiß, wann er zurücktreten und schweigen muss. Guter Unterricht muss lehrerzentriert und schülerorientiert zugleich sein – im Mittelpunkt steht der Lehrer, und für diesen stehen seine Schüler im Zentrum.[74]

Übrigens gibt es mittlerweile auch eine Art »Hattie der Sonderpädagogik«. Der neuseeländische Unterrichtsforscher und Sonderpädagoge DAVID MITCHELL (2009, [2]2014) hat ein forschungsbasiertes Kompendium zusammengestellt: »What really works in Special and Inclusive Education?« (Was wirklich in der Sonderpädagogik und der Inklusion funktioniert). Hierzu zählen Prinzipien wie excellent organized lessons, positive classroom climate, personalized teaching, dialogic teaching and learning, cooperative group teaching and peer tutoring, parent involvement and support, guided practices – zu Deutsch etwa: wohlstrukturierte Lerneinheiten, lernförderliches Klassenklima, personalisiertes Unterrichten, dialogisches Lehren und Lernen, kooperatives Arbeiten, elterliche Unterstützung, angeleitetes Üben. Interessanterweise sind das allesamt keine sonderpädagogischen Neuerfindungen oder Spezialformen, es handelt sich vielmehr um grundlegende, man möchte beinahe sagen: traditionelle lernpsychologische Schwerpunktsetzungen. Mitchells Kompendium ist hierzulande noch wenig bekannt, eine deutschsprachige Kurzfassung der von ihm eruierten wichtigsten »Vier-Sterne-Strategien« hat RAINER DOLLASE vorgelegt.[75]

Warum Lehrer sich nicht alles gefallen lassen müssen

Eltern – und Bürger außerhalb der Schule – könnten jetzt fragen: Hört sich ja alles gut an, aber was geht das *mich* an, warum sollte *ich* mich um solche Dinge kümmern? Warum sagen nicht die Lehrer selbst ihren Vorgesetzten klarer, was sinnvoll und notwendig ist? Der Einwand ist nicht ganz unberechtigt: Lehrer scheinen nicht das mutigste Bevölkerungssegment zu sein – man findet nur wenige, die öffentlich sagen »Das stimmt doch gar nicht« oder »Ihr setzt die falschen Akzente«. Verbreiteter ist schon die Haltung: Ihr da oben könnt viel verordnen – ich folge einfach meiner pädagogischen Vernunft. Eine verständliche Strategie, wie sie auch in BRECHTs nachdenklichen Geschichten vom Herrn K. anklingt: »Ich habe kein Rückgrat zum Zerschlagen. Gerade ich muß länger leben als die Gewalt.« Aber wäre, da wir ja nicht in einer Diktatur leben, ein wenig mehr Aufbegehren, ein wenig mehr bürgerschaftlicher Eigensinn vielleicht doch auch für Lehrer denkbar?

Immerhin missbilligte die Oppositionspartei CDU am 19.11.2013 im Landtag von Nordrhein-Westfalen, dass Schulministerin Löhrmann die Lehrkräfte in der Inklusionsfrage in ungerechtfertigter Weise reglementiere. Lehrer würden kaltgestellt, es würden Maulkörbe verhängt, dienstliche Missbilligungen ausgesprochen, ja Versetzungen angeordnet, wenn sich z. B. Schulleiter von Förderschulen besorgt darüber äußerten, dass die Umsetzung der Inklusion die Unterrichtsqualität gefährde. Mir persönlich wurde verschiedentlich berichtet, dass Schulleiter telefonisch (also nicht nachweisbar) aufgefordert wurden, ihre kritische Meinung zur Inklusionsentwicklung nicht öffentlich zu machen, wenn sie etwa zu Podiumsdebatten eingeladen waren. Die Ministerin hat in diesen Fällen stets behauptet, davon wisse sie nichts; wenn einer ihrer Untergebenen ungerechtfertigt reglementiere, möge man ihr dies vertrauensvoll berichten.

Tatsächlich sichert das Beamtengesetz Lehrern nicht nur das Recht zu, Skepsis gegenüber dienstlichen Vorgängen zu äußern, es verpflichtet sie sogar zu dieser sogenannten Remonstration *[vgl. Anhang Dokumente D und E]*.[76] Wenn Lehrer Bedenken gegen die Rechtmäßigkeit einer dienstlichen Anordnung haben, so müssen sie diese »unverzüglich« bei ihrer Schulleitung geltend machen. Hält diese die umstrittene Anordnung aufrecht, kann man sich an die zuständige Bezirksregierung wenden. Erst wenn diese die Anordnung bestätigt, muss der Lehrer sie ausführen (es sei denn, sie ist erkennbar ordnungswidrig oder strafbar oder verletzt die Würde des Menschen). Aber der Lehrer selbst trägt dann keine Verantwortung mehr – dies darf man sich sogar schriftlich bestätigen lassen. Vordrucke für dieses Verfahren findet man im Netz.

Nun hat mancher in seinem langen Dienstleben die Erfahrung gemacht, dass Vorgesetzte selten eine angezweifelte Maßnahme abändern, nur weil ein kleiner Lehrer Bedenken anmeldet – bei landesweiten Großkonzepten wie der Inklusion ist das erst recht nicht zu erwarten. Um sich in einer konzertierten Aktion Gehör zu verschaffen, wäre es gut, den Berufsverbänden die Erfahrungen aus der Praxis ungeschminkt widerzuspiegeln. Mit Inklusionskritik stößt man aber auch dort nicht nur auf offene Ohren. Die Gewerkschaft GEW etwa befürwortet sehr weitgehende Vorstellungen von Inklusion, während der Philologenverband lange gezögert hat, seine Skepsis offen zu formulieren. Die aus Sicht des Autors sinnvollste Position vertritt in Nordrhein-Westfalen »lehrerNRW«, der Verband der Sekundarschullehrer, also der am stärksten durch die Inklusionspraxis gebeutelten Pädagogen *[vgl. Anhang Dokument F]*.

Doch selbst in der Öffentlichkeit dürfen Lehrer sich durchaus kritisch zur Schulpolitik äußern. Sie müssen dabei nur die Pflicht zur Dienstverschwiegenheit wahren, dürfen also keine internen Details ausplaudern. Und sie unterliegen in ihren öffentlichen dienstbezogenen Äußerungen dem sogenannten Mäßigungsgebot, müssen sich also zurückhaltend äußern, dürfen insbesondere den Dienstherren nicht polemisch kritisieren. So wäre es durchaus möglich, in Leserbriefen die Zustände in der Inklusion breitenwirksam offenzulegen. Eine Grundschullehrerin aus Siegburg tat dies als Reaktion auf die oben (s.o. S. 38) wiedergegebene Langzeitbeobachtung der ZEIT mit folgendem Wortlaut: »Man kann unter den derzeitigen Bedingungen weder den zu inkludierenden Kindern noch den anderen gerecht werden. Ich gehe aber noch weiter. Die Inklusion ist eine romantische Idee, die an der Wirklichkeit scheitert, und dies selbst wenn die Rahmenbedingungen anders wären.« (ZEIT 29/2015) Und ein Sonderpädagoge aus Siegen geißelt den »ideologischen Wahnwitz, der mit dem ›Inklusions-‹Unwort verbunden ist: Bist du nicht willig, so brauch ich Gewalt. Aus einem Recht wird ein Zwang. (...) Die in diesem sauberen, wohlüberlegten Rechtsdokument (der UN-BRK, d.V.) niedergelegten, sorgfältig sich aufeinander beziehenden Ziele und Rechte haben nicht das geringste mit der gezielten Zerschlagung von bewährten Strukturen zu tun, die in der deutschen Schullandschaft angelaufen ist.« (ZEIT online, 3.4.2013)

Und was das eigene unterrichtliche und beratende Handeln der Lehrer angeht: Man darf auch dann guten Instruktionsunterricht machen, wenn die Schulaufsicht primär eigenverantwortliche Lernformen anpreist. Man darf auch dann den Besuch einer Förderschule empfehlen, wenn die Landesregierung auf sinkende Anmeldezahlen hinarbeitet. Selbst wenn die direkte Schulaufsicht die Empfehlung Inklusionsschule anordnet, darf man widersprechen (beamtenrechtliche Pflicht zur Remonstration) – sofern das seriös eingeschätzte Wohl des Kindes dies erfordert. Denn Lehrer erziehen, unterrichten, beraten, beurteilen, beaufsichtigen und betreuen »in eigener Verantwortung und pädagogischer Freiheit« – natürlich im Rahmen von Verfassung und Schulgesetz, Rechts- und Verwaltungsvorschriften, Richtlinien und Lehrplänen sowie Konferenzbeschlüssen und Anordnungen der Schulaufsicht. Pädagogische Freiheit, das heißt ja keineswegs, einer individuellen Willkür des Lehrers Tür und Tor zu öffnen – es handelt sich vielmehr um eine »auf den Schulzweck, auf die Bildungsinteressen der Schüler bezogene Freiheit«.[77]

3.3 Bürger: Nicht übergehen, sondern ehrlich beteiligen

Eigentlich ist die Sache eindeutig: Das Schulsystem kann nur dann dem Wohl *aller* Kinder dienen, wenn es auf mehreren Säulen steht (dual-inklusiv); und das pädagogische Personal braucht breite und vielfältige Unterstützung, wenn es dieser anspruchsvollen Aufgabe gerecht werden will. Die Frage ist nur: Wie bekommen wir Bürger unser Recht – also das, was vernünftig ist? Wie kann man allzu inklusionsradikale Politiker dazu bewegen, den Weg der Ideologie zu verlassen und in Richtung Vernunft umzuschwenken?

Bislang herrscht ja etwa in Düsseldorf das vor, was man in den letzten Jahren der Kohl-Regierung auf Bundesebene abschätzig als »Durchregieren« bezeichnete: Die Oppositionsparteien weisen auf die zahlreichen Missstände bei der Inklusionsentwicklung hin, bei Landtagsanhörungen warnen Experten und Praktiker vor den Folgen, Eltern initiieren landesweite Petitionen. Aber die rot-grüne Regierungsmehrheit ist bislang stabil, das Schulrecht wird ohne Achselzucken in Richtung Verschlechterung geändert, alle parlamentarischen Verbesserungsanträge abgewiesen. Vor 500 Jahren schrieb der Bauernkämpfer Thomas Müntzer: »Die hohen herren machen es selbst, dass inen der gemeyne man feindt werde.« Heute, genauer am

3.4.2013 schreibt eine Leserin auf ZEIT online: »Erst wenn die Politiker berechtigte Angst haben müssen, ihre Posten nach einer Wahl zu verlieren, wird sich vielleicht etwas verbessern.«

Parteien: Programme befragen, Politikern auf den Zahn fühlen

Dazu muss man sich zunächst einmal klar machen, was welche Partei eigentlich in der Inklusionsfrage will. Die rot-grüne Landesregierung in Nordrhein-Westfalen etwa charakterisiert ihre Position zur Inklusion wie folgt – und hat diese mit ihrer Stimmenmehrheit als entsprechende Schulrechtsänderung auch vollzogen:

- »Gemeinsames Lernen von Schülerinnen und Schülern mit und ohne Bedarf an sonderpädagogischer Unterstützung wird zum gesetzlichen Regelfall. Eltern eines Kindes mit festgestelltem Bedarf an sonderpädagogischer Unterstützung müssen nicht länger die Aufnahme an einer allgemeinen Schule eigens beantragen.
- Die Schulaufsicht benennt bei Feststellung eines Bedarfs an sonderpädagogischer Unterstützung in Abstimmung mit dem Schulträger mindestens eine allgemeine Schule, die für das Gemeinsame Lernen personell und sächlich ausgestattet ist.
- Nur in begründeten Ausnahmefällen kann hiervon abgewichen werden (»Umkehr der Beweislast«).
- Eltern haben weiterhin das Recht, eine Förderschule zu wählen, wenn ein entsprechendes Angebot vorhanden ist.«[78]

Die größte Oppositionspartei CDU im Land spricht sich dagegen ganz deutlich für ein gleichberechtigtes Nebeneinander der Beschulung in Regel- und Förderschulen aus (Leitantrag zum 37. Landesparteitag am 13.6.2015):

> »Wir stehen zur schulischen Inklusion. (...) Gleichzeitig erkennen wir den Wert der Förderpädagogik ausdrücklich an. Bei der Umsetzung der Inklusion muss das Wohl der Kinder und Jugendlichen mit und ohne Behinderung alleiniger Maßstab sein. Wir sind der Auffassung, dass viele Kinder und Jugendliche erfolgreich an Regelschulen lernen können. Für andere Kinder und Jugendliche bieten hingegen die speziellen Möglichkeiten der Förderschule die besseren Voraussetzungen. Daher wollen wir Eltern nach individueller Beratung in die Lage versetzen, zu entscheiden, wo ihr behindertes Kind am besten gefördert wird: in einer Regelschule oder in einer Förderschule. In Nordrhein-Westfalen sollen deshalb die Eltern jedes Kindes, das sonderpädagogische Förderung benötigt, neben dem Rechtsanspruch auf inklusiven Unterreicht in Regelschulen auch einen Rechtsanspruch auf Beschulung ihres Kindes in einer Förderschule in zumutbarer Nähe erhalten. Um wirkliche Wahlfreiheit gewährleisten zu können, müssen die Regelschulen den Anforderungen des inklusiven Unterrichts entsprechend ausgestattet werden.«

Im Jahr 2014 hieß es in einem noch zur Verfügung stehenden Positionsflyer der CDU zur Inklusion: »In keinem Fall darf das Niveau von Hilfe und Unterstützung, das in den Förderschulen erreicht wurde, unterschritten werden. (...) Den Menschen in den Mittelpunkt zu stellen, (...) schließt auch die Möglichkeit ein, dass es für bestimmte Kinder mit Behinderungen auch weiterhin Förderschulen geben wird. Eltern, die ihr Kind aufgrund der jahrzehntelang entwickelten guten Förderbedingungen und der großen Professionalität der Förderschulen in dieser Einrichtung weiter gefördert wissen wollen, verdienen denselben Respekt wie Eltern, die einen Regelschulplatz für ihr Kind wünschen.«

Im laufenden Oppositionsgeschäft ist die CDU zwar kaum durch kritische Anfragen zur Inklusionspraxis aufgefallen. Im Oktober 2016 allerdings ging die Partei an die Öffentlichkeit – mit der Forderung nach einem Moratorium in Sachen Inklusion. Die schulische Integration Behinderter sei in Nordrhein-Westfalen ohne Vorbereitung eingeführt worden, angesichts mangelnder Finanzen seien viele Einrichtungen mit dieser Aufgabe überlastet, die Schließung weiterer Förderschulen müsse unbedingt ausgesetzt werden. Es müsse eine gesteuerte Inklusion geben, die sich an den tatsächlichen Fähigkeiten und Möglichkeiten der Schulen orientiere.

Die FDP war insgesamt deutlich aktiver – oder soll man sagen: mutiger? Alleine sechs äußerst kenntnisreiche Kleine Anfragen formulierte ihre schulpolitische Sprecherin YVONNE GEBAUER innerhalb eines halben Jahres (15.2.-15.8.16), dreimal so viele wie die CDU oder die Piratenpartei. So wurde etwa die Bildung von Schwerpunktschulen vorgeschlagen und auf das Phänomen ›verordnetes Schulschwänzen‹ bei ES-Schülern hingewiesen (in Amtsdeutsch heißt das: »Aussetzen des Schulbesuchs« – nur mit diesem Notmittel lässt sich an inklusiven Schulen oft der Unterricht überhaupt aufrechterhalten). Schon in ihrem qualifizierten und ausführlichen Entschließungsantrag vom 15.10.2013 hatte die Partei gefordert, »verbindliche qualitative Standards zur Ausgestaltung der Inklusion an den Schulen festzulegen«, »in ganz Nordrhein-Westfalen ein Förderschulangebot der sieben Förderschulschwerpunkte in erreichbarer Nähe sicherzustellen, um Wahlmöglichkeiten für Eltern zu gewährleisten« sowie »statt bisher die Exekutive zukünftig die Legislative die Vorgaben der Mindestgrößen von Förderschulen festlegen zu lassen«. Auch auf der Website ist die Position klar: »Ein Schulsystem der Vielfalt muss auch zukünftig Wahlmöglichkeiten der Eltern sicherstellen. Auch bei einer hochqualitativen Umsetzung der Inklusion ist dieses Elternrecht unverzichtbar.«

Unter der Maxime »Beste Bildung für jeden statt Mittelmaß für alle« heißt es im Programm dieser Partei: »Kinder mit Behinderungen gehören in die Mitte der Gesellschaft. Darum bekennt sich die FDP zur Inklusion und der verstärkten Integration von Kindern mit Behinderungen in allgemeine Schulen. Die FDP warnt jedoch davor, Förderschulen mit ihrer besonderen pädagogischen Kompetenz abzuschaffen. Kinder mit erheblichen Behinderungen dürfen nicht unbedacht in auf ihre Behinderungen unvorbereitete Schulen verwiesen werden. Wir fordern mehr gemeinsame Aktivitäten von Regel- und Förderschulen und ausreichende Unterstützung und Hilfen für alle Schulen und Schüler.«

Initiativen entfalten und unterstützen

Wie schrieb noch die oben erwähnte ZEIT-Leserin: »Erst wenn die Politiker berechtigte Angst haben müssen, ihre Posten nach einer Wahl zu verlieren, wird sich vielleicht etwas verbessern.« Hat man also in Erfahrung gebracht, welche Ziele die Parteien in Sachen Inklusion auf welchen Wegen verfolgen, eröffnen sich Handlungsspielräume, kann man als Bürger tätig werden:

- Man kann mit den schulpolitischen Experten der Parteien den Kontakt suchen, um ihnen die eigenen Wünsche darzulegen oder ihnen die schulischen Zustände vor Ort zu schildern – Parlamentarier haben ja oft nicht die nötige Zeit für eigene Recherche.
- Man kann im Freundes- und Bekanntenkreis über die bildungspolitischen Positionen der Parteien aufklären – diese sind nämlich keineswegs immer in der nötigen Breite bekannt. Viele Menschen denken »irgendwie grün«, wären aber entsetzt, wenn ihnen »die Pädagogik der Grünen« (UHL 1990) im Detail bekannt wäre.
- Man kann bei Landtagswahlen derjenigen Partei seine Stimme geben, die die vernünftigste Schul- und Inklusionspolitik verspricht, denn diese betrifft nicht nur die Eltern behinderter Kinder.

Aber das muss nicht alles sein. Lehrer oder Eltern können auch Leserbriefe schreiben, in denen sie die chaotische Realität in vielen Inklusionsschulen offenlegen. Es fehlt nämlich an Gegengewicht zu den Hochglanzbroschüren, die euphorisch beschreiben, wie bereichernd es für alle Beteiligten ist, wenn Zweitklässler mit einem Kind mit Down-Syndrom froh im Kreis tanzen. Oder deren Cover ein Kind im Rollstuhl zeigt, das lernfreudig einem modernen Schulgebäude entgegenrollt. Das mag ja alles vorkommen; aber vieles andere ist eben nicht möglich oder nur mit gravierenden Verschlechterungen für Schüler wie Lehrer – es sei denn, man würde finanzielle Mittel in ganz anderen Größenordnungen bereitstellen. Bei Leserbriefen kann man übrigens auch um Anonymität bitten – oder sie einen Freund abschicken lassen, der keine dienstrechtlichen Konsequenzen zu befürchten hat.

Nicht zuletzt können sich Eltern auch ganz bewusst dafür entscheiden, ihr behindertes Kind trotz allen Inklusionsgeredes an einer Förderschule anzumelden. Die Mutter BIRTE MÜLLER etwa ließ sich nicht dadurch blenden, dass man geistig behinderte Kinder jetzt ganz salbungsvoll »Kinder mit Förderschwerpunkt geistige Entwicklung« nennt; sie glaubte nicht, dass Regellehrer sich dauerhaft vierteilen könnten; sie wollte vor allem nicht, dass ihr Sohn Willi immer der Langsamste, immer der Störendste wäre – weil an der inklusiven Schule der Sonderpädagoge ja nur 2,5 Stunden in der Woche Zeit für ihn hätte. Und sie konnte sich beim besten Willen nicht vorstellen, dass das für ihren Willi so elementare Toilettentraining die Mitschüler wirklich dauerhaft interessieren könnte. Ja, ja, schrieb sie im Magazin »a tempo« zynisch, klar sei das schade für die Regelkinder, dass sie jetzt nicht an und mit Willi ihre sozialen Kompetenzen verfeinern könnten.[79]

Tja, und dann kann man eben auch das tun, was TINA BRUNE getan hat. Auch diese Mutter eines lernbehinderten Kindes aus dem Sauerland hatte es 2014 satt, dass die Lehrerin ihres seh- und hörgeschädigten Sohnes dessen Riesenprobleme beim Lesen und Schreiben ständig nur schönredete, darum meldete sie ihn kurzerhand an einer Förderschule an. Dort beruhigte sich das Kind zusehends, in einer kleinen Gruppe konnte die Sonderpädagogin auf Max' Lerntempo eingehen, am Ende des ersten Schuljahres kannte er vierzehn Buchstaben und konnte im Zahlenbereich bis 20 sicher rechnen. »Er hat endlich Erfolgserlebnisse«, sagte seine Mutter der FAZ damals.[80] Die inklusive Beschulung, wie sie ihr Sohn Max erlebt hatte, sei »keine Inklusion, das ist Exklusion, das macht Kinderseelen kaputt«.

Aber dann musste Frau Brune plötzlich um den Bestand dieser Schule bangen – und deren Erhalt ganz offensiv von den Schulbehörden einfordern. Die rotgrüne Landesregierung wollte nämlich die Inklusionsquote (nicht zu verwechseln mit dem Kindeswohl!) bis 2017 von damals 25 auf 50 Prozent steigern – und dafür sollten eben zahlreiche Förderschulen geschlossen werden. Der Trick der Schulministerin: Mit einer Änderung der Verordnung über die Mindestgrößen von Förderschulen – jetzt 144 Schüler statt bisher ausnahmsweise 72 – unterlief sie de facto das im Inklusionsgesetz verbriefte Elternwahlrecht. Aber die engagierte Mutter nahm sich ein Recht, das jedem zusteht: Sie gründete eine Initiative und stellte eine Online-Petition ins Netz, Titel: »Frau Löhrmann: Erhalten Sie die Förderschulen in NRW«. Der Erfolg überrascht Tina Brune noch immer: Nach kürzester Zeit hatten 16.449 Unterstützer unterzeichnet. Der Petitionstext wirft der rot-grünen Landesregierung vor, mit falschen Behauptungen zu operieren. In der

UN-Behindertenrechtskonvention werde nicht von einer Schule für alle gesprochen. Besondere Maßnahmen für behinderte Menschen seien nicht als Diskriminierung zu werten. Im Gegenteil diskriminiere man Kinder, wenn man Förderschulen schließe, davon ist Tina Brune überzeugt. Frau Brune findet es übrigens ausgesprochen ärgerlich, dass glühende Inklusionsanhänger wie die Mutter aus Baden-Württemberg, die ihren elf Jahre alten Sohn Henri aufs Gymnasium schicken wolle, in der Debatte bisher den Ton angäben – obwohl der Junge mit Down-Syndrom dem Unterricht dort nicht folgen könne. Brune hat Henris Mutter einen Brief geschrieben. »Henri muss nicht wie alle anderen Kinder sein, er ist ein ganz besonderes Kind, und er sollte auch lernen dürfen, dass nicht jeder Mensch gleich behandelt werden muss«, heißt es darin. Henri solle erleben dürfen, dass er Talente und Fähigkeiten hat, die ihm Erfolgserlebnisse bescheren. »Es ist für unsere Kinder so wichtig, nicht an Misserfolgen zu scheitern, sondern an Erfolgserlebnissen zu wachsen!«

Nun, Tina Brunes Petition wurde eingereicht, geprüft, im Landtag behandelt – und mit der rot-grünen Stimmenmehrheit abgewiesen. Das Ergebnis wurde brieflich mitgeteilt – inhaltlich zwar negativ, dafür vermutlich aber auf amtlichem Büttenpapier. Also ein Schuss in den Ofen? Und in Zukunft Hände weg von Politik und Bürgerengagement? War das Engagement dieser Mutter eines lernbehinderten Kindes umsonst? Keineswegs. Denn sie hat enormen Staub in der Bildungslandschaft aufgewirbelt. Sie hat viele Menschen auf den Irrsinn der radikalen Sparinklusion aufmerksam gemacht – und sie hat womöglich dazu beigetragen, dass diese Politik in ihrem Bundesland – und anderswo – keine Zukunft hat. Frau Brune ähnelt dem Kind, das sich in Hans Christian Andersens Märchen »Des Kaisers neue Kleider« als Erster zu sagen traut: »Aber der Kaiser hat doch gar nichts an!«.

Doch noch ist es nicht sicher, dass sich die Dinge zum Besseren wenden – und deshalb ist auch weiterhin jeder gefragt. Wie titelte noch der anfangs erwähnte Erfolgsroman? »Das lässt sich ändern.«

EPILOG
Dokumente statt Diffamierungen!

Dokument A
Memorandum zur schulischen Inklusion von Michael Felten, veröffentlicht zum UN-Weltkindertag 2015

Dokument B
UN-Behindertenrechtskonvention

Dokument C
Elternbefragung zur Inklusion in NRW durch die HU Berlin (Mai 2015)

Dokument D
Beamtenstatusgesetz, § 36: Verantwortung für die Rechtmäßigkeit

Dokument E
Musterschreiben bzgl. Remonstration des Rechtsanwaltes Dr. Burkhardt Krems (Köln)

Dokument F
Forderungskatalog des Verbandes lehrerNRW vom 24.2.2016

Dokument G
Stellungnahme des Philologenverbandes Baden-Württemberg (PhV BW) vom Frühjahr 2015

Dokument A

Memorandum zur schulischen Inklusion von Michael Felten, veröffentlicht zum UN-Weltkindertag 2015

(Jahrestag der Verabschiedung der Kinderrechtskonvention im Jahr 1989)

I. Die Schule macht schon genug Sorgen.

Viele Schüler in NRW und den Stadtstaaten lernen zu oberflächlich und erreichen nur unterdurchschnittliche Kompetenzniveaus. Bundesweit ist das Problem der »Risikoschüler« ungelöst (bei 20 % der 15-Jährigen überschreiten Mathematik- und Lesekompetenz nicht das Grundschulniveau). Die Lehrerschaft hingegen hat mit ausufernder Reformbürokratie zu kämpfen – und vermisst praxisnahe Unterstützung und Weiterbildung.

Vielerorts hat eine systematische Qualitätsentwicklung des Unterrichts an Regelschulen (d.h. bei moderater Heterogenität) gerade erst begonnen. Ist da eine forcierte oder gar totale Ausweitung des Diversitätsspektrums verantwortbar?

II. Bewährte Integration, zweifelhafte Inklusion

Seit Jahren gibt es gute Erfahrungen damit, Schüler mit besonderen Beeinträchtigungen integrativ zu unterrichten – allerdings nicht bedingungslos und nicht zum Nulltarif. So können etwa körperbehinderte Kinder gut am Regelunterricht teilnehmen – wenn die bauliche und technische Ausstattung stimmt. Auch könnten Migrantenkinder ohne anfängliche Deutschkenntnisse ein Gymnasium besuchen – wenn ihr kognitives Potential den Anforderungen dieser Schulform entspricht, und wenn ihnen dort ein sprachlicher Intensivkurs ermöglicht wird. Nicht zuletzt ist womöglich manches »lernbehinderte« Kind ohne Not in die Förderschule verwiesen worden – weil Problemkompetenz und -ressourcen an der Regelschule fehlten.

Wenn aber zukünftig alle Schüler zwanghaft gemeinsam beschult würden, unabhängig von ihrem real existierenden (durchaus dynamisch verstandenen) Lernvermögen, wird das die Leistungs- und Sozialentwicklung vieler einzelner Kinder beeinträchtigen – zumal im derzeit praktizierten bzw. angestrebten Sparmodus (»wohlwollende Vernachlässigung«, Bernd Ahrbeck). Ein solcher Niveauverlust wäre auch gesamtgesellschaftlich inakzeptabel.

Schüler helfen einander gerne und können durchaus voneinander lernen. Aber schnelle Lerner haben auch ein Recht auf herausfordernden Unterricht. Und Leistungsschwächere brauchen nicht nur Schutz vor dem ständigen Vergleich mit den Besten, sondern bedürfen auch in besonderem Maße konstanter pädagogischer Bindung. Förderlehrer, die stundenweise von Schule zu Schule hetzen (»Reisepädagogik«), können dies nicht leisten. Mit steigender Inklusionserfahrung wächst denn auch der Elternwunsch nach Förderschulen.

Empirische Befunde zur Lernwirksamkeit in inklusiven Settings haben sich als höchst ambivalent erwiesen, in der Sekundarstufe (Sachkomplexität, Pubertät) fehlen sie weitgehend. Der Slogan »Vielfalt macht schlau« trifft jedenfalls nur in Grenzen zu: Am erfolgreichsten lernen Schüler in moderat heterogenen Klassen – bei hoher Unterrichtsqualität. Dagegen wird zieldifferentes Unterrichten als Regelfall mit wachsendem Alter überaufwändig und unübersichtlich – und ist nicht zuletzt rechtlich fragwürdig.

III. Deutschland hat das Bildungsrecht für alle Kinder längst gesichert.

Die UN-Behindertenrechtskonvention (BRK) will allen Menschen mit Behinderung u.a. ungehinderten Zugang zum allgemeinen Bildungswesen ermöglichen – zu Recht, denn in vielen Ländern sind behinderte Kinder bislang vom öffentlichen Schulbesuch ausgeschlossen.

Das deutsche Bildungswesen hingegen erfüllt die BRK bereits: Die hiesigen Förderschulen sind derjenige Teil des allgemeinbildenden Schulsystems, der gesellschaftliche Teilhabe durch spezifische Unterstützung herbeiführen soll; solche besonderen Maßnahmen gelten laut Konvention aber gerade nicht als Diskriminierung (Art. 5, Abs. 4).

Das deutsche Bildungswesen wäre gewiss in mancher Hinsicht optimierbar – für eine generelle Schulreform zur inklusiven Einheitsschule besteht indes aus lernpsychologischer wie gesellschaftlicher Perspektive keine Notwendigkeit.

IV. So viel (hochqualitative) Integration wie möglich, so viel (durchlässige) Separation wie nötig!

Heterogenität ist eine Anfangsgegebenheit des Schulischen, aber Simultaneität nicht deren Lösung. Auch im Pädagogischen lässt sich ein Spektrum des Normalen und Bereiche des Besonderen unterscheiden – und diese Differenz verdient Respekt. Allzu Ungleiches sollte man weder gleich noch zugleich behandeln. Es gilt, die Goldene Mitte zwischen menschlich Wünschbarem und schulpädagogisch Machbarem auszuloten. Die Politik verlange also nicht das Unmögliche, sondern finanziere das Sinnvolle:

- *Das Förderschulsystem nicht schwächen oder gar auflösen!*

  Jeder Schüler mit besonderem Unterstützungsbedarf muss wohnortnah in geschütztem Rahmen gezielt gefördert werden können, die elterliche Wahlfreiheit zwischen Regel- und Förderbeschulung muss erhalten bleiben. Professionelle Förderlehrkräfte müssen weiterhin in angemessenem Umfang zur Verfügung stehen. Flüchtig »inklusionsgeschulte« Regellehrer sind latent überlastet und bilden für Förderkinder ein hohes Entwicklungsrisiko – und für sich selbst ein gesundheitliches.

- *Die pädagogische Professionalität der Regelschullehrer stärken!*

  Je größer die methodische und pädagogische Kompetenz der Lehrer, desto eher können – bei entsprechenden Unterstützungsressourcen – auch Schüler mit vorübergehenden Entwicklungsproblemen an Regelschulen verbleiben und dort angemessen gefördert werden.

V. Keine Denktabus, keine Maulkörbe!

Jedes Kind soll an dem für es geeignetsten Ort lernen können – dies kann durchaus (wie weltweit üblich) auch eine Spezialschule oder -klasse sein. »Gemeinsames Lernen« ist nur dann sinnvoll, wenn die Förderbedingungen für alle betroffenen Schüler nachweislich nicht schlechter sind als beim Lernen in verschiedenen Schulformen oder leistungsdifferenten Lerngruppen. Das Entwicklungswohl von Schülern ist primär eine

Frage von Unterrichtsqualität und Förderressourcen, nicht aber der Schulstruktur.

Schulische Inklusion entpuppt sich zunehmend als »problemproduzierende Problemlösung« (Rainer Dollase). Darüber brauchen wir mehr öffentliche Debatte, ohne Blockade durch Maulkörbe oder Denktabus. Kinder mit und ohne Behinderung sind kein Spielball – weder für Sparfüchse noch für Schulideologen.

Gegenüber irrenden Obrigkeiten haben Beamte übrigens die Pflicht zur Remonstration. Auch andere betroffene Bürger könnten etwas tun: mit den Bildungsexperten der Parteien diskutieren, in Leserbriefen aus der Schulpraxis berichten, eine Petition anstoßen …

Dokument B

UN-Behindertenrechtskonvention
(in Auszügen, lt. Bundesgesetzblatt Nr. 35 vom 31.12.2008)

Artikel 5 – Gleichberechtigung und Nichtdiskriminierung

(1) Die Vertragsstaaten anerkennen, dass alle Menschen vor dem Gesetz gleich sind, vom Gesetz gleich zu behandeln sind und ohne Diskriminierung Anspruch auf gleichen Schutz durch das Gesetz und gleiche Vorteile durch das Gesetz haben.

(2) Die Vertragsstaaten verbieten jede Diskriminierung aufgrund von Behinderung und garantieren Menschen mit Behinderungen gleichen und wirksamen rechtlichen Schutz vor Diskriminierung, gleichviel aus welchen Gründen.

(3) Zur Förderung der Gleichberechtigung und zur Beseitigung von Diskriminierung unternehmen die Vertragsstaaten alle geeigneten Schritte, um die Bereitstellung angemessener Vorkehrungen zu gewährleisten.

(4) Besondere Maßnahmen, die zur Beschleunigung oder Herbeiführung der tatsächlichen Gleichberechtigung von Menschen mit Behinderungen erforderlich sind, gelten nicht als Diskriminierung im Sinne dieses Übereinkommens.

Artikel 7 – Kinder mit Behinderungen

(1) Die Vertragsstaaten treffen alle erforderlichen Maßnahmen, um zu gewährleisten, dass Kinder mit Behinderungen gleichberechtigt mit anderen Kindern alle Menschenrechte und Grundfreiheiten genießen können.

(2) Bei allen Maßnahmen, die Kinder mit Behinderungen betreffen, ist das Wohl des Kindes ein Gesichtspunkt, der vorrangig zu berücksichtigen ist.

(3) Die Vertragsstaaten gewährleisten, dass Kinder mit Behinderungen das Recht haben, ihre Meinung in allen sie berührenden Angelegenheiten gleichberechtigt mit anderen Kindern frei zu äußern, wobei ihre Meinung angemessen und entsprechend ihrem Alter und ihrer Reife berücksichtigt wird, und behinderungsgerechte sowie altersgemäße Hilfe zu erhalten, damit sie dieses Recht verwirklichen können.

Artikel 24 – Bildung

(1) Die Vertragsstaaten anerkennen das Recht von Menschen mit Behinderungen auf Bildung. Um dieses Recht ohne Diskriminierung und auf der Grundlage der Chancengleichheit zu verwirklichen, gewährleisten die Vertragsstaaten ein integratives Bildungssystem auf allen Ebenen und lebenslanges Lernen mit dem Ziel,

- die menschlichen Möglichkeiten sowie das Bewusstsein der Würde und das Selbstwertgefühl des Menschen voll zur Entfaltung zu bringen und die Achtung vor den Menschenrechten, den Grundfreiheiten und der menschlichen Vielfalt zu stärken;
- Menschen mit Behinderungen ihre Persönlichkeit, ihre Begabungen und ihre Kreativität sowie ihre geistigen und körperlichen Fähigkeiten voll zur Entfaltung bringen zu lassen;
- Menschen mit Behinderungen zur wirklichen Teilhabe an einer freien Gesellschaft zu befähigen.

(2) Bei der Verwirklichung dieses Rechts stellen die Vertragsstaaten sicher, dass

- Menschen mit Behinderungen nicht aufgrund von Behinderung vom allgemeinen Bildungssystem ausgeschlossen werden und dass Kinder mit Behinderungen nicht aufgrund von Behinderung vom unentgeltlichen und obligatorischen Grundschulunterricht oder vom Besuch weiterführender Schulen ausgeschlossen werden;
- Menschen mit Behinderungen gleichberechtigt mit anderen in der Gemeinschaft, in der sie leben, Zugang zu einem integrativen, hochwertigen und unentgeltlichen Unterricht an Grundschulen und weiterführenden Schulen haben;
- angemessene Vorkehrungen für die Bedürfnisse des Einzelnen getroffen werden;
- Menschen mit Behinderungen innerhalb des allgemeinen Bildungssystems die notwendige Unterstützung geleistet wird, um ihre erfolgreiche Bildung zu erleichtern;
- in Übereinstimmung mit dem Ziel der vollständigen Integration wirksame individuell angepasste Unterstützungsmaßnahmen in einem Umfeld, das die bestmögliche schulische und soziale Entwicklung gestattet, angeboten werden.

(...)

Dokument C

Elternbefragung zur Inklusion in NRW durch die HU Berlin (Mai 2015)

In einer von der FDP-Landtagsfraktion in Auftrag gegebenen und von der Humboldt-Universität zu Berlin durchgeführten Studie (Projektleiter: Prof. Dr. Bernd Ahrbeck) wurden Elternvertreter in Nordrhein-Westfalen dahingehend befragt, wie sie die Umsetzung der schulischen Inklusion wahrnehmen und bewerten. »Es zeigt sich, dass die Elternvertreter das Prinzip einer gemeinsamen Beschulung behinderter und nicht-behinderter Kinder grundlegend befürworten, in der praktisch erfolgten und geplanten Umsetzung jedoch erhebliche Probleme sehen. Die vorgefundenen Rahmenbedingungen werden in vielen Bereichen für unzureichend gehalten«, sagt Prof. Ahrbeck.

Zentrale Ergebnisse

- Insgesamt zeigt sich, dass die Elternvertreter eine positive Haltung zum »Gemeinsamen Lernen« haben. 80 % der Befragten befürworten den inklusiven Umsteuerungsprozess in seinem Kerngedanken.
- In der konkreten Umsetzung sehen sie jedoch erhebliche Probleme (89,7 %): Nach Einschätzung der Befragten gelingt der Umsteuerungsprozess meist nicht zufriedenstellend (73,4 %) und das eingeschlagene Tempo wird für unangemessen gehalten (73,9 %).
- Die für die Umsetzung der Inklusion bereitgestellten Ressourcen werden als deutlich unzureichend

beschrieben; sowohl im Hinblick auf personelle als auch auf sächliche Mittel, inklusive notwendiger baulicher Maßnahmen. Hinzu kommen Zweifel daran, ob die Lehrkräfte ausreichend vorbereitet sind, zum Beispiel durch Fortbildungen.

- Ein weiteres Anliegen der Elternvertreter bezieht sich auf die aktuellen Klassengrößen und die Einführung des Team-Teachings (Doppelbesetzung). Wiederholt wird betont, dass Schülerinnen und Schüler unter den gegenwärtigen Bedingungen nicht ausreichend gefördert werden können. Das betrifft alle Kinder und Jugendlichen, also nicht nur die mit Beeinträchtigungen (hier jedoch insbesondere diejenigen mit dem Förderschwerpunkt emotional-soziale Entwicklung).
- Die sehr deutliche Mehrheit (88,7 %) der befragten Elternvertreter spricht sich für den Erhalt unterschiedlicher Beschulungsoptionen und ein Wahlrecht der Eltern zwischen Regel- und Förderschule aus. Bemerkenswerterweise gilt das besonders stark dort, wo langjährige Integrations-/Inklusionserfahrungen vorliegen (91,4 %).
- Der schulspezifische Informationsfluss der einzelnen Schulen gegenüber den Eltern erfährt eine deutlich positive Bewertung (Bewertung Schulleitungen: 97,2 %; Bewertung Lehrkräfte: 88,0 %). Elternvertreter fühlen sich gut eingebunden. Ganz offensichtlich gelingt es den unmittelbar Beteiligten vor Ort, ertragreich miteinander zu kommunizieren. Zudem werden häufig das hohe Engagement und die Motivation der Schulleitungen und Lehrkräfte lobend erwähnt.

Dokument D

Beamtenstatusgesetz, § 36: Verantwortung für die Rechtmäßigkeit

(1) Beamtinnen und Beamte tragen für die Rechtmäßigkeit ihrer dienstlichen Handlungen die volle persönliche Verantwortung.

(2) Bedenken gegen die Rechtmäßigkeit dienstlicher Anordnungen haben Beamtinnen und Beamte unverzüglich auf dem Dienstweg geltend zu machen. Wird die Anordnung aufrechterhalten, haben sie sich, wenn die Bedenken fortbestehen, an die nächst höhere Vorgesetzte oder den nächst höheren Vorgesetzten zu wenden. Wird die Anordnung bestätigt, müssen die Beamtinnen und Beamten sie ausführen und sind von der eigenen Verantwortung befreit. Dies gilt nicht, wenn das aufgetragene Verhalten die Würde des Menschen verletzt oder strafbar oder ordnungswidrig ist und die Strafbarkeit oder Ordnungswidrigkeit für die Beamtinnen oder Beamten erkennbar ist. Die Bestätigung hat auf Verlangen schriftlich zu erfolgen.

(3) Wird von den Beamtinnen oder Beamten die sofortige Ausführung der Anordnung verlangt, weil Gefahr im Verzug besteht und die Entscheidung der oder des höheren Vorgesetzten nicht rechtzeitig herbeigeführt werden kann, gilt Absatz 2 Satz 3 und 4 entsprechend.

Dokument E

Musterschreiben bzgl. Remonstration des Rechtsanwaltes Dr. Burkhardt Krems (Köln)

An die Schulleitung der …
Remonstration gegen die Übertragung inklusiven Unterrichts bei fehlenden Bildungsvoraussetzungen des behinderten Kindes und ohne kompensierende sonderpädagogische Unterstützung
Für das kommende Schuljahr ist mir der Unterricht einer 5. Klasse mit 30 Schülern an unserer Gesamtschule übertragen worden. Dazu gehört ein behindertes Kind, das weder lesen noch schreiben kann.

Vorgesehen ist, dass eine Lehrkraft mit sonderpädagogische Qualifikation im Jahrgang zur Unterstützung zur Verfügung steht, für insgesamt 8 Klassen. Eine sonderpädagogische Qualifikation besitze ich nicht, an Fortbildungsmaßnahmen für die besonderen Anforderungen der Inklusion habe ich bisher nicht teilgenommen und auch nicht teilnehmen können. Unterstützende Materialien für die besondere Situation der neuen Klasse sind nicht verfügbar.

Dem behinderten Kind, das neben 29 anderen Kindern zu unterrichten ist, fehlen die Bildungsvoraussetzungen für die Sekundarstufe I, insbesondere fehlt die Basisqualifikation, Lesen und Schreiben, die Voraussetzung für das Lernen in allen Fächern, Sport ausgenommen, darstellt.

Hier aber ist Einzelunterricht erforderlich, weil beim Fehlen grundlegender Fähigkeiten die Teilnahme am Unterricht in den allermeisten Fällen nicht möglich ist. Denn immer ist die Fähigkeit zum Verständnis schriftlicher Informationen, zum Beispiel auch als Tafelanschrieb, als Unterrichtsmaterial, als Schulbuch, als schriftliche Aufgabenstellung erforderlich, was ausgeschlossen ist, wenn Lesen und Schreiben nicht beherrscht werden. Selbst im Mathematikunterricht ist die Fähigkeit, lesen und schreiben zu können, ein unverzichtbares Element für erfolgreiches Lernen. Lesen und Schreiben sind deshalb international anerkannt Schlüsselqualifikationen und deshalb auch Kernelement der internationalen Bildungsvergleiche wie PISA.

Bei der Entscheidung über die Aufnahme eines Kindes in die 5. Klasse der allgemeinbildenden Sekundarstufe I mit Behinderung ist unabdingbar zu prüfen,

ob die grundlegende Bildungsvoraussetzung für den entsprechenden Bildungsabschnitt und die entsprechende Jahrgangsstufe vorhanden ist – sie ist hier nicht vorhanden,

wenn die Bildungsvoraussetzungen gegeben sind, ist zusätzlich erforderlich zu prüfen, ob die bereitgestellte zusätzliche Förderung in der Lage ist, den sonderpädagogischen Bedarf zu erfüllen, der aufgrund der Behinderung besteht. Diesen sonderpädagogischen Bedarf zu erfüllen ist nach § 2 Abs. 5 des Schulgesetzes NRW Verpflichtung der Schule: »Schülerinnen und Schüler, die auf sonderpädagogische Unterstützung angewiesen sind, werden nach ihrem individuellen Bedarf besonders gefördert.« Denn wird dieser sonderpädagogische Bedarf nicht erfüllt, ist weder eine dem Auftrag des Schulgesetzes NRW entsprechende Bildung und Erziehung des behinderten Kindes noch der anderen Kinder gewährleistet: Die unzureichenden Voraussetzungen für die Erfüllung des Bildungsauftrages wirken sich für alle Kinder nachteilig aus, auch die nicht behinderten, und führen darüber hinaus zu einer unzumutbaren Belastung der mit diesen Aufgaben betrauten Lehrkräfte, was eine Verletzung der Fürsorgepflicht des Dienstherrn darstellt.

Eine bedarfsgerechte Förderung ist bei der gegebenen Ausgangslage (das behinderte Kind kann nicht lesen und schreiben) und der sonderpädagogischen Unterstützung, die etwa nur für 1/10 der Unterrichtszeit zur Verfügung stehen kann, nicht gegeben.

Die Situation des behinderten Kindes erfordert Einzelunterricht. Für dieses Kind ist für die gesamte Unterrichtszeit (Sportunterricht ausgenommen) ein eigenständiges Lernangebot zu entwickeln, da auf Schulbücher oder andere verfügbare Lernmaterialien nicht zurückgegriffen werden kann. Neben einer vollen Lehrtätigkeit bei 29, ohnehin leistungsdifferenziert zu unterrichtenden Kindern in einer Gesamtschulklasse ist das nicht möglich.

Gemäß § 36 Abs. 2 Beamtenstatusgesetz informiere ich deshalb pflichtgemäß darüber, dass die Erfüllung des gesetzlichen Bildungsauftrages der Schule, der mir mit dieser Klasse übertragen worden ist, nicht möglich ist und ich diesen 30 Kindern nicht die ihnen zustehende Bildung und Erziehung entsprechend §§ 1 und 2 des Schulgesetzes Nordrhein-Westfalen zuteilwerden lassen kann.

Sollte die Schulleitung keine Abhilfe schaffen, bitte ich die Entscheidung der Aufsichtsbehörde herbeizuführen, mit der Rechtsfolge des § 36 Abs. 2 Satz 3 BeamtStG.

Name der Lehrperson

Dokument F

Forderungskatalog des Verbandes lehrerNRW vom 24.2.2016

- eine Doppelbesetzung aus Regelschullehrkraft und Sonderpädagoge in allen inklusiv arbeitenden Klassen,
- eine Absenkung der Klassengröße auf maximal 20 Schülerinnen und Schüler in allen inklusiv arbeitenden Klassen,
- Entlastungsstunden, um inklusiv unterrichtenden Lehrkräften Freiräume zur Vorbereitung und für Absprachen mit Sonderpädagogen und Inklusionsassistenten zu geben,
- multiprofessionelle Teams mit Schulsozialarbeitern, Inklusionsassistenten, Schulpsychologen und ggf. anderen Fachkräften an allen inklusiven Schulen,
- qualitativ hochwertige Fortbildungen für alle Lehrkräfte, die inklusiv unterrichten,
- Bildung von Schwerpunktschulen, die sonderpädagogische Förderkompetenz bündeln,
- Erhalt von Förderschulen in allen Bezirken, um eine Wahlmöglichkeit sicherzustellen.

Dokument G

Stellungnahme des Philologenverbandes Baden-Württemberg (PhV BW)
im Rahmen der Landtagsanhörung zum Schulgesetzänderungsentwurf im Frühjahr 2015 (Auszug)

Die Inklusion von Schülerinnen und Schülern mit Behinderungen am Gymnasium ist unter dem Blickwinkel des Kindeswohls nach Ansicht des PhV BW nur für diejenigen Schülerinnen und Schüler sinnvoll, die dem gymnasialen Bildungsanspruch gerecht werden können, d. h. für Schüler mit körperlichen Behinderungen (z. B. Seh-, Hör- oder Gehbehinderungen) oder leichten geistigen Behinderungen (z. B. bestimmte Formen von Autismus), die durch besondere Geräte, sonderpädagogische Fachkräfte oder Maßnahmen (Nachteilsausgleich) aufgefangen werden können, sodass auch diesen Schülern die allgemeine Hochschulreife vermittelt werden kann. Der PhV BW befürwortet deshalb die Inklusion im Rahmen des zielgleichen Lernens, die seit Jahrzehnten mit großem Engagement der Lehrkräfte in vielen Einzelfällen dazu führt, dass Jugendliche trotz gewissem sonderpädagogischen Förderbedarf an Gymnasien erfolgreich das Abitur ablegen.

Der PhV BW lehnt dagegen für das Gymnasium die Einführung von Inklusion im Rahmen des zieldifferenten Lernens aus einer Vielzahl von Sachgründen ab:

Der zieldifferente Unterricht kann von den gymnasialen Lehrkräften nicht in einer Weise geleistet werden, dass die betroffenen Schüler besser gefördert würden, als dies an der Förderschule der Fall wäre. Es ist für die Lehrkräfte schon schwierig genug, allen nichtbehinderten Schülerinnen und Schülern einer (in der Regel ohnehin viel zu großen und heterogenen) Klasse am Gymnasium gerecht zu werden.

Gymnasiale Lehrkräfte sind dafür ausgebildet, den gymnasialen Bildungsplan zu vermitteln, nicht den eigenständigen Bildungsplan der Sonderschulen. Wenn die Inklusion schon im nächsten Schuljahr beginnen sollte, wäre noch nicht einmal Zeit für Fortbildungen – die natürlich auch nur ein denkbar unzureichender Ersatz für ein mehrjähriges sonderpädagogisches Spezialstudium sind.

Es gibt in Baden-Württemberg eine ausdifferenzierte Sonderschullehrerbildung für die Lehrkräfte an Sonderschulen. Diese Spezialisierung der Lehrerbildung dient einer optimalen individuellen Förderung von Kindern mit sonderpädagogischem Förderbedarf. Die Sonderschulen sind also personell, aber auch räumlich und sächlich optimal für die Förderung behinderter Schülerinnen und Schüler ausgestattet. Es ist nicht zu erwarten, dass die inklusive Bildung an den für diese Zwecke schlechter ausgestatteten allgemeinen Schulen dem Kindeswohl förderlich wäre.

Solange in Sonderschulen de facto bessere Bildung vermittelt werden kann als an für die Inklusion unzureichend ausgestatteten allgemeinbildenden Schulen, entspricht der Besuch der Förderschule also eher dem Geist der UN-Behindertenrechtskonvention als die Inklusion an einer allgemeinbildenden Schule.

Die Forschungslage zum Mehrwert inklusiven Unterrichts ist keineswegs eindeutig: Während zum Beispiel eine aktuellere Studie des IQB in Berlin Vorteile für Schüler mit Förderbedarf zu erkennen glaubt, war die Bilanz des großen und methodisch sorgfältig durchgeführten Hamburger Schulversuchs mit inklusiven Grundschulklassen katastrophal:

»Die Negativbilanz der integrativen Regelklassen ist in der Summe der Fakten bestürzend: weniger gymnasiale Empfehlungen, keine Reduzierung der Sonderschulzuweisungen, durchgängiger Leistungsrückstand (...)«. (Hinz, A./Katzenbach, D./Rauer, W./Schuck, K. D/Wocken, H./Wudtke, H. (1998): Die Integrative Grundschule im sozialen Brennpunkt. Ergebnisse eines Hamburger Schulversuchs. Hamburg: Hamburger Buchwerkstatt.)

Die Inklusion von Kindern mit Behinderungen am Gymnasium darf also keinen Wert an sich darstellen. Das Thema »Inklusion« muss vielmehr immer aus der Perspektive des betroffenen Kindes, d. h. mit dem obersten Ziel der Sicherung des Kindeswohls, betrachtet werden. Es darf nicht darum gehen, abstrakte Prinzipien um ihrer selbst willen, womöglich um jeden Preis (und sei es um den des Kindeswohls) zu verwirklichen. Es geht vielmehr darum, die beste Bildung und Förderung für Kinder und Jugendliche mit Behinderungen sicherzustellen – und genau dies entspricht dem Geist von Artikel 1 der UN- Behindertenrechtskonvention, in welchem deren Ziele festgeschrieben sind.

Wenn ein behindertes Kind, welches die Bildungsziele der Bildungsgänge der allgemeinbildenden Schularten von vornherein nicht erreichen kann, trotzdem an einer allgemeinbildenden Schule inklusiv beschult werden soll, dann sollte für dieses Kind jedenfalls nicht diejenige Schulart gewählt werden, deren Bildungsziel von den Möglichkeiten des Kindes am weitesten entfernt ist. Für dieses Kind sollte vielmehr eine Schulart gewählt werden, deren Bildungsziel den Möglichkeiten des Kindes weitestgehend angenähert ist, denn nur so kann erreicht werden, dass das behinderte Kind in einer Peergroup lernt, in der es nicht allzu eklatant immer wieder selbst erkennen muss, wie sehr die eigene Leistungsfähigkeit von der der anderen Schülerinnen und Schüler abweicht.

Zieldifferentes Lernen am Gymnasium ist auch deshalb grundsätzlich infrage zu stellen, weil es ein isoliertes Nebeneinanderher-Lernen bedeutet, das nicht im Sinne des Kindeswohls sein kann. Hier bieten die Sonderschule, die Außenklasse einer Sonderschule oder eine Schule mit einem anderen Bildungsziel als dem des Gymnasiums den für die Entwicklung des Selbstwertgefühls notwendigen Schonraum und die Möglichkeit, Erfolgserlebnisse zu haben. Jedenfalls liegen bisher keine vollständigen, für den breiten Einsatz an allgemeinbildenden Schulen geeigneten und erfolgreich evaluierten pädagogisch-didaktischen Unterrichtskonzepte für die zieldifferente Inklusion vor, die das Gegenteil beweisen würden.

Eine erprobte und gute Möglichkeit, zieldifferente Inklusion am Gymnasium in sinnvoller Weise zu verwirklichen, sind die in Baden-Württemberg sehr erfolgreichen Außenklassen der Sonderschulen. Es handelt sich hierbei um reguläre Klassen von Sonderschulen, die an einer allgemeinbildenden Schule von Sonderpädagogen unterrichtet werden und mit Partnerklassen der kooperierenden allgemeinbildenden Schule in pädagogisch sinnvollen Bereichen zusammenarbeiten. Hier können Gymnasiasten in Kooperation mit Sonderschülern soziale Kompetenzen erwerben und Sonderschüler vom Kontakt mit den

Gymnasiasten kognitiv profitieren. Allerdings müssten hierfür die erforderlichen räumlichen Bedingungen geschaffen und zeitliche Ressourcen zur Verfügung gestellt werden.

Dieses erfolgreiche Modell der Außenklassen könnte unter Umständen noch ausgeweitet werden, wenn man die Inklusionsquote, die laut Statistischem Landesamt ohnehin schon bei etwa 30 Prozent liegt, weiter steigern will.

Die Sonderschulen dürfen nicht zu sonderpädagogischen Bildungs- und Beratungszentren degradiert werden, sondern müssen ihre Hauptaufgabe weiter vor allem in der Bildungsfunktion sehen. Die allgemeinbildenden Schulen können aus den oben genannten Gründen die Bildungsfunktion der Sonderschulen im Sinne des Kindeswohls nicht adäquat übernehmen. Sonderschullehrkräfte müssen außerdem weiterhin an den Sonderschulen verortet sein, denn sie brauchen den internen fachlichen Austausch. (...)

Die breite Einführung der Inklusion im Rahmen des zieldifferenten Unterrichts an allgemeinbildenden Schulen wird in unzulässiger Weise mit der Ratifikation der UN- Behindertenrechtskonvention durch die Bundesrepublik Deutschland gerechtfertigt und als alternativlos dargestellt.

Die Konvention fordert aber lediglich den Zugang zu Bildung und gesellschaftlicher Teilhabe: Dieser kann für Kinder mit sonderpädagogischem Förderbedarf in der Sonderschule in vielen Fällen viel besser umgesetzt werden. Die Konvention macht auch keine Aussagen zu gegliederten allgemeinbildenden Schulsystemen. Umso weniger lässt sich aus der Konvention der Anspruch auf den Besuch einer bestimmten Schulart,

z. B. des Gymnasiums, innerhalb eines gegliederten Schulsystems ablesen. Die UN-Konvention schreibt die Einführung des zieldifferenten Unterrichts außerdem nicht explizit vor.

Das eigentliche Ziel der UN-Konvention, nämlich die Bildungschancen und die gesellschaftliche Teilhabe behinderter Kinder und Jugendlicher zu verbessern, ließe sich weitaus besser durch eine Weiterentwicklung des Sonderschulwesens und der Kooperation zwischen Sonderschulen und allgemeinbildenden Schulen (Außenklassen) verwirklichen, als durch die flächendeckende Inklusion mit zieldifferentem Lernen an allgemeinbildenden Schulen.

Anhang
Übersicht

über die in NRW 2016 verwendeten Begriffe im Zusammenhang mit Schülern mit Entwicklungsbeeinträchtigungen:

ES-Schüler: kurzsprachlich für den aktuellen Fachterminus »Schüler mit Förderbedarf emotional-soziale Entwicklung«, früher auch »verhaltensgestört«, dann dezenter »verhaltensauffällig« genannt, neuerdings spricht man euphemistisch von »herausfordernd«, »verhaltenskreativ« oder »verhaltensoriginell«

GE-Schüler: »Schüler mit Förderbedarf geistige Entwicklung«, früher umgangssprachlich auch als »geistig behindert« bezeichnet

LE-Schüler: »Schüler mit Förderbedarf Lernen«, vormals »lernbehindert«

SQ-Schüler: »Schüler mit Förderbedarf Sprache und Kommunikation«, vormals »sprachbehindert«

KM/SE/HK-Schüler: »Schüler mit Förderbedarf Körperliche und Motorische Entwicklung/Sehen/Hören und Kommunikation«, ehedem »körperbehindert« oder »sinnesgeschädigt«

Literatur und Links

Online-Links zu diesen Anmerkungen finden Sie auf meiner Website:
http://www.eltern-lehrer-fragen.de/inklusionsfalle.html
Dort entdecken Sie auch weitere interessante Informationen zur Schulpädagogik, und Sie können zu mir Kontakt aufnehmen – mit Fragen, Anregungen, Fortbildungsanfragen.

Zur Vertiefung lesenswert:

Ahrbeck, Bernd: Inklusion: Eine Kritik. 2014

Ahrbeck, Bernd: Der Umgang mit Behinderung, Besonderheit und Vielfalt, Gleichheit und Differenz. 2012

Becker, Uwe: Die Inklusionslüge. 2015

Felder, Marion; Schneiders, Katrin: Inklusion kontrovers. Herausforderungen für die Soziale Arbeit. 2016

Felten, Michael: Nur Lernbegleiter? Unsinn, Lehrer! Lob der Unterrichtslenkung. 2016

Giesecke, Hermann: Warum ich gegen inklusive Schulen bin. Die zerstörerische Naivität ideologisch motivierter Bildungsreformen. 2016

Jahrbuch für Pädagogik: Inklusion als Ideologie. 2015

Türcke, Christoph: Lehrerdämmerung. Was die neue Lernkultur in den Schulen anrichtet. 2016

Anmerkungen

1 Glücklicherweise handelte es sich in diesem von Dietrich Dörner beschriebenen Fall um eine Computersimulation. Jedoch sind tatsächliche Abläufe dieser Art zuhauf aktenkundig.

2 Die Begrifflichkeit im Umgang mit kindlichen Entwicklungsproblemen hat eine lange Geschichte. Vor 50 Jahren sagte man noch Hilfsschüler, später sprach man von Sonderschülern (z.B. Lernbehinderten), dann war die Rede von »Förderbedarf« (z.B. Lernen) und heute heißt es in Nordrhein-Westfalen »Schüler mit besonderem Unterstützungsbedarf« (z.B. Lernen). In Baden-Württemberg wurde erst kürzlich die Bezeichnung »Sonderschule« (z.B. Lernen) durch »Sonderpädagogisches Bildungs- und Beratungszentrum mit dem Förderschwerpunkt« (z.B. Lernen) ersetzt. Die Begriffe wurden mit der Zeit länger, die Benachteiligungen sollten sich dadurch verringern – wir sehen, dass sich diese Hoffnung nicht erfüllt. Dieser Text will nicht durch Sperrigkeit abschrecken – wie andere Praktiker auch spreche ich deshalb meist nur von Förderkindern (z.B. LE-Schülern) oder aber von Regelkindern.

3 Rainer Dollase: Wie wird die schönste pädagogische Vision Wirklichkeit? In: profil 7-8/2014. *Online-Link*

4 Im Zusammenhang mit dem 9. Schulrechtsänderungsgesetz hat die Landesregierung auf dem Verordnungsweg in dieser Legislaturperiode de facto die Mindestschülerquote von LE-Förderschulen deutlich erhöht, indem sie die bisher geltende *Sonderregelung aufgehoben* hat, *dass diese Schulen auch mit der Hälfte der Mindestgröße existieren dürfen*. Dies bedroht die Existenz dieser Schulform grundsätzlich und hat bereits zur Schließung solcher Schulen als eigenständiger Förderstandort geführt.

5 Dietze, Torsten. Sonderpädagogische Förderung in Zahlen – Ergebnisse der Schulstatistik 2009/10 mit einem Schwerpunkt auf der Analyse regionaler Disparitäten. Zeitschrift für Inklusion, 2/2011. ISSN 1862-5088. *Online-Link*

6 Berufsverband Heil- und Sonderpädagogik Schweiz: Qualitätssicherung bringt's! Fachkompetenz als zentraler Baustein gelingender Integration. In: VHN Heft 1/2015, S. 46-49

7 Zieldifferente Inklusion in Paderborn vorläufig ohne Gymnasien. Bildung aktuell 2/2015. *Online-Link*
8 Website des AMG Köln. *Online-Link*
9 WDR 5 – Feature »Dok 5 – Inklusionslandschaften« 16.8.2015. Ausschnitt *Online-Link*
10 Website des Geschwister-Scholl-Gymnsiums Aachen. *Online-Link*
11 Simone Seitz, Benjamin Haas: Inklusion kann gelernt werden! VHN 1/2015. *Online-Link*
12 Peter Geiss: »Lehrerbildung »all inclusive«? FAZ 28.1.2016
13 Dr. Agnes Klein. Schulische *Inklusion* in Köln. Auf die gelingende Praxis kommt es an. In: SchVw NRW 6/2015
14 Wurde Aachener Schulleitern nach Protestbrief ein Maulkorb verpasst? WAZ 26.11.2013 *Online-Link*
15 Deutschlands Eltern beklagen Umsetzung der Inklusion. WAZ 30.6.2015. *Online-Link*
16 vgl. VHN 1/2015, S. 76
17 Reiner Burger: Verloren in Buchstabenreihen. FAZ 12.7.2014. *Online-Link*
18 Otto Speck: Was ist ein inklusives Schulsystem? In: VHN 3/2016. *Online-Link*
19 In ihrer Welt. dradio-Feature vom 10.9.2016. *Online-Link*
20 Ingo Schilling-Holaschke: 30 Jahre danach – Biografien ehemaliger Schülerinnen und Schüler der »Lernbehindertenschule«. In: VHN 3/2015. *Online-Link*
21 Reiner Burger: Wunsch und Wirklichkeit. In: FAZ vom 25.8.2016. *Online-Link*
22 Vgl. etwa bereits Siegfried Uhl: Die Pädagogik der Grünen. 1990
23 Vgl. etwa Giacomo Maihofer: Behinderte Aufklärung. taz vom 16./17.4.2016, *Online-Link*
24 Annedore Prengel: *Integration als pädagogisches Paradigma?* In: Helga Deppe-Wolfinger, Annedore Prengel, Helmut Reiser: *Integrative Pädagogik in der Grundschule*. DJI: Weinheim und München, 1990. S. 278
25 Schulverwaltung NRW, Ausgabe 2/2015
26 LE-Lerngruppen waren meist größer, sie umfassten bisweilen 20 und mehr Schüler.
27 Dagmar Lorenz: Die Berater. Feature 2016. *Online-Link*

28 Z.B. Michael Wrase: Das Recht auf Bildung. In: SchVerw 5/2016
29 Rosa Anna Ferdigg: Welche Rahmenbedingungen braucht ein inklusives Bildungssystem? Das Beispiel Italien/Südtirol. In: Inklusion online 2/2010. *Online-Link*
30 Dino Capovilla: So einfach funktioniert Inklusion nicht. In: horus 3/2014 und Mitteilungsheft vds Brandenburg 1/2012. *Online-Link*
31 Gerhard Austrup: Bildungswunder Schweden. In: profil 1/2005. Ebenso: Schweden – ein Bildungssystem in der Kritik. NZZ 19.4.2006
32 Karin Paulsson, Göran Nygren, Jelena Lübbeke und Reinhard Lelgemann: Zur aktuellen Situation körperbehinderter Schülerinnen und Schüler in Schweden. In: Zeitschrift für Inklusion-online.net 4/2011. *Online-Link*
33 Brigitte Schumann: Inklusive Bildung in den nordischen Ländern im Kontext gesellschaftlicher Entwicklung. In: Zeitschrift für Inklusion-online.net 2/2010. *Online-Link*
34 Inklusion in Schweden: Vorbild oder Zerrbild? Bildungsklick 19.1.2016. *Online-Link*
35 Karl-Heinz Eser: Leitfragen zur Landesverbandstagung »Lernen fördern/BaWü« in Herrenberg am 14.11.2015. *Online-Link*
36 Magdalena Johnson: Schulische Inklusion in den USA – ein Lehrbeispiel für Deutschland? 2012, S. 55
37 Disability studies quarterly, Heft 2/2006. *Online-Link*
38 Clemens Knobloch: Wie man öffentlich über »Inklusion« spricht (und was man daraus schließen kann). Nachdenkseiten 16.1.2015 *Online-Link*
39 Lutz Häschel: Inklusion und Inklusionsschule – Ein Sparmodell. *Online-Link*
40 Alle aus den Eröffnungsbeiträgen vom 20.11.2015 zur Info-Plattform www.inklusion-als-problem.de *Online-Link*
41 Kurzbericht und Fachartikel: *Online-Link*
42 Martin Spiewak: Förderung? Unterforderung! ZEIT 8.5.2014. *Online-Link*
43 Dokumentation und Materialien: *Online-Link;* anschauliches Kurz-Video: *Online-Link*
44 Nach Brigitte Schumann: RTI – Instrument für inklusive Unterrichts- und Schulentwicklung? 24.4.2013. *Online-Link*

45 Mündliche Äußerung von Birgit Lütje-Klose, Professorin für Sonderpädagogik mit dem Schwerpunkt Heterogenität an der Universität Bielefeld, bei der Einführungsdebatte zur Cornelsen Sommeruni 2015
46 Susanne Schwab: »Gemeinsam – einsam« im Gemeinsamen Unterricht? In: Schulverwaltung NRW 7-8/2015
47 Sammelliste. *Online-Link*
48 Andreas Kloth: Die neuen Förderschüler. Inklusion an Grundschulen in Nordrhein-Westfalen. In: Zeitschrift für Inklusion 1/2015. *Online-Link*
49 Heinz-Elmar Tenorth: Inklusion im Spannungsfeld von Universalisierung und Individualisierung. Schulentwicklungstag Unterfranken 2011. *Online-Link*
50 Pressemitteilung des FiBS vom 13.1.2009: Reformen im Bildungssystem rechnen sich – trotz geringer demografischer Rendite. Details der Studie. *Online-Link*
51 Vgl. Anmerkung 37
52 Hermann Giesecke: Wer braucht (noch) Erziehungswissenschaft? In: Neue Sammlung H. 2/2004, S. 151-165. *Online-Link*
53 Hartmut Esser: Der Mythos der Bildungsungerechtigkeit ist falsch. FAZ 24.10.2016. *Online-Link*
54 Christian Geyer: Unglaubliche Gleichmacherei. FAZ 10.6.2014. *Online-Link*
55 Matthias Brodkorb: Warum Inklusion unmöglich ist. Über schulische Paradoxien zwischen Liebe und Leistung. In: profil 4/2013, S. 25ff. *Online-Link*
56 Norbert Bolz: Diskurs Ungleichheit. 2009
57 Bernd Ahrbeck: Inklusion. Eine Kritik. 2014, S. 83
58 Fend: Neue Theorie der Schule. ²2008
59 Wibke Becker: Unterschied, was ist das? FAZ 25.7.2015. *Online-Link*
60 Christoph Türcke: Lehrerdämmerung. 2015. Seite 79
61 Andreas Rödder: Wohin führt die Kultur der Inklusion? FAZ 6.7.2014. *Online-Link*
62 Giacomo Maihofer: Behinderte Aufklärung. taz 17.4.2016. *Online-Link*
63 Gero von Randow: Regeln sind nicht göttlich. ZEIT 19/2010. *Online-Link*

64 Martin Spiewak: Ende einer Dienstzeit. ZEIT 7/2007 sowie Leserbriefe dazu in ZEIT 9/2007. *Online-Links*

65 Vgl. Anmerkung 37

66 Susanne Schneider: Der *Concorde*-Trugschluss. ZEIT 6/2000. *Online-Link*

67 Martin Beglinger: In der Falle. Wie die Schule von Reformwahn und Bildungsbürokratie erdrückt wird. 15.5.2010. *Online-Link*

68 Etwa »Dirk« in: Bernhard Schmalenbach: Das Menschenbild der Inklusion. In: Horst Philipp Bauer, Jost Schieren (Hrsg.): Menschenbild und Pädagogik. Beltz 2015

69 Vgl. Anmerkung 52

70 Vgl. Anmerkung 17

71 Etwa Michael Felten: Die Tücken des schulischen Selbstlernens. In: FAZ 8.7.2010. *Online-Link* oder Matthias Burchardt: Die Krise selbstgesteuerten Lernens. SWR 2 Wissen 23.3.2016. *Online-Link*

72 Vgl. etwa Themenheft »Pädagogik« 1/2014 zu Direkte Instruktion. *Online-Link*

73 Michael Felten: Lob der Klasse. FAZ 9.10.2014. *Online-Link*

74 Ewald Terhart: Der Heilige Gral der Schul- und Unterrichtsforschung – gefunden? Eine Auseinandersetzung mit Visible Learning. In: Ewald Terhart (Hg.): Die Hattie-Studie in der Diskussion: Probleme sichtbar machen. 2014

75 David Mitchell: What really works in Special and Inclusive Education? Using evidence-based teaching strategies. 2009, ^{2}2014. Bilanz von Rainer Dollase 2016. *Online-Link*

76 Auch auf http://inklusion-als-problem.de/?page_id=54

77 Vgl. Heckel-Avenarius, aaO., S. 235; Holfelder-Bosse, SchulG, 10. Aufl., S. 352

78 Land NRW: Erstes Gesetz zur Umsetzung der VN-Behindertenrechtskonvention 2013. *Online-Link*

79 Birte Müller: Ganz exklusiv. In: a tempo 158, Februar 2013. *Online-Link*

80 Vgl. Anmerkung 16

INHALT

Für alle Lebensliebhaber bietet das Gütersloher Verlagshaus Durchblick, Sinn und Zuversicht. Wir verbinden die Freude am Leben mit der Vision einer neuen Welt.

UNSERE VISION EINER NEUEN WELT

Die Welt, in der wir leben, verstehen.

Wir sehen Menschlichkeit als Basis des Miteinanders: Mitgefühl, Fürsorge und Beteiligung lassen niemanden verloren gehen. Wir stehen für gelingende Gemeinschaft statt individueller Glücksmaximierung auf Kosten anderer.

Wir leben in einer neugierigen Welt: Sie sucht ehrgeizig und mitfühlend Lösungen für die Fragen unseres Lebens und unserer Zukunft. Wir fragen nach neuem Wissen und drücken uns nicht vor unbequemen Wahrheiten – auch wenn sie uns etwas kosten.

Wir leben in einer Gesellschaft der offenen Arme: Toleranz und Vielfalt bereichern unser Leben. Wir wissen, wer wir sind und wofür wir stehen. Deshalb haben wir keine Angst vor unterschiedlichen Weltanschauungen.

Das Warum und Wofür unseres Lebens finden.

Wir helfen einander, uns selber besser zu verstehen:
Viele Menschen werden sich erst dann in ihrem Leben zuhause fühlen, wenn sie den eigenen Wesenskern entdecken – und Sinn in ihrem Leben finden.

Wir ermutigen Menschen, zu ihrer Lebensgeschichte zu stehen:
In den Stürmen des Alltags geben wir Halt und Orientierung. So können sich Menschen mit ihren Grenzen aussöhnen und zuversichtlich ihr Leben gestalten.

Wir haben den Mut, Vertrautes hinter uns zu lassen:
Neugierde ist die Triebfeder eines gelingenden Lebens. Wir wagen Neues, um reich an Erfahrung zu werden.

Erfahren, was uns im Leben trägt und erfreut.

Wir glauben an die Vision des Christentums:
Die Seligpreisungen der Bergpredigt lassen uns nach einer neuen Welt streben, in der Vereinsamte Zuwendung, Vertriebene Zuflucht, Trauernde Trost finden – und Gerechtigkeit, Barmherzigkeit und Frieden herrschen.

Wir geben Menschen die Möglichkeit, den Glauben (neu) zu entdecken:
Persönliche Spiritualität gibt Kraft, spendet Trost und fördert die Achtung vor der Schöpfung sowie die Freude am Leben.

Wir stehen mit Respekt vor der Glaubenserfahrung anderer:
Wissen fördert Dialog und Verständnis, schützt vor Fundamentalismus und Hass. Wir wollen die Schätze anderer Religionen kennenlernen, verstehen und respektieren.

GÜTERSDIE
LOHERVISION
VERLAGSEINER
HAUSNEUENWELT

Bibliografische Information der Deutschen Nationalbibliothek
Die Deutsche Nationalbibliothek verzeichnet diese Publikation in der Deutschen Nationalbibliografie; detaillierte bibliografische Daten sind im Internet über https://portal.dnb.de abrufbar.

FSC
www.fsc.org
MIX
Papier aus verantwortungsvollen Quellen
FSC® C014889

Verlagsgruppe Random House FSC® N001967

1. Auflage

Umschlaggestaltung: Gute Botschafter GmbH, Haltern am See
Druck und Bindung: Friedrich Pustet GmbH & Co. KG, Regensburg
Printed in Germany
ISBN 978-3-579-08672-9

www.gtvh.de